그럼에도
불구하고,
교실

그럼에도 불구하고, 교실

고상훈 지음

목차

(Prologue) 사랑할 수밖에   06

교실敎室 말고 교실交室   12

학교 괴담   24

교실이 운동장이라면   32

【 쉬는 시간 】

1년짜리 일회용 교실   44

교실의 턱   52

구글 교실   62

온실   72

【 교실 신조어 】

기분 좋은 균형감   92

가장 결정적이면서도 적당하고 안전한 싸움판   102

네가 있어 비로소 교실   112

덕업합치合致   122

【 쉬는 시간 】

두서 없음   134

(Epilogue) 그럼에도 불구하고, 교실   144

(Prologue)
사랑할 수밖에

매일 아침 일곱 시 삼십 분까지

우릴 조그만 교실로 몰아넣고

전국 구백만의 아이들의 머릿속에

모두 똑같은 것만 집어넣고 있어.

막힌 꽉 막힌 사방이 막힌

널 그리고 우릴 덥석 모두를 먹어 삼킨

이 시꺼먼 교실에서만

내 젊음을 보내기는 너무 아까워.

서태지와 아이들, 1994

94년의 서태지와 아이들은 강렬한 헤비메탈로 교육 현실을 비판하는 노래를 발매했다. 내가 고작 2살 때의 노래니, 난 사실 서태지와 아이들도 잘 모르고 「교실 이데아」라는 곡이 당시에 사람들에게 선사했던 충격 또한 잘 모른다. 내가 애초에 「교실 이데아」를 처음 듣게 된 것도 역방향으로 들으면 "피가 모자라"라는 악마의 메시지가 들린다는 괴소문 때문이었으니. 그거야 어쨌든, 30년 전에 쓰인 노랫말이지만 지금의 교실 모습과 크게 다르지는 않다. '매일 아침 일곱 시 삼십 분까지' 오는 일은 없어졌고 날이 갈수록 아이들 숫자도 부쩍 줄고 있지만, "네 옆에 앉아있는 그 애보다 더 하나씩 머리를 밟고 올라서도록 해."라고 조언하는 서태지처럼 여전히 교실의 일부는 경쟁을 통해 '대학이란 포장지로 멋지게' 싸 버리는 공간으로 기능하고 있다.

94년에도 '시꺼먼' 교실은 안타깝게도, 여전히 시꺼멓다. 학교폭력이 드리운 거대한 그림자 때문이다. (아니, 더 시꺼메졌나…?) 반올림(2003), 공부의 신(2010), 드림하이(2011) 등 학생들의 몽글몽글한 성장기를 그린 드라마들이 한동안 자리 잡았던 때를 지나 소년심판(2022), 돼지의 왕(2022), 약한영웅(2022) 등의 학교폭력을 주제로 한 드라마들이 큰 인기를 끌었다. 더 글로리(2022-23)는 학교가 주된 배경은 아니었지만, 감히 학교폭력을 다룬 드라마의 정점을 찍은 작품이었다. 이렇게 교실의 어두운 면이 드라마 소재로 큰 인기를 끌기 시작한 것은 표현의 자유가 어느 정도 넓게 보장되는 OTT 플랫폼의 등장 때문이라는 점을 무시할 수 없겠으나, 오랜 시간 암암리에 드리운 교실의 어두운 그림자가 사회적 문제로 부각되기 시작하면서 범시대적 공감을 이끌었다는 게 먼저일 것이다.

그러니 누군가에게 교실은 '교실 이데아'적인 감옥이자 '더 글로리'적인 지옥이다. 교실이 곧 잠재적 옥(獄)인 셈이다. 그럼에도 잠재적 옥으로서의 세상 모든 교실에는 어쩔 수 없이 매일 어린이로 북적거린다. 교실은 순진하게도 응당 그런 곳이다. 그러니 어쩌겠는가. 교실의 어두운 면이야 어쨌든, 나는 교실을 사랑할 수밖에 없다. 어린이가 교실에 깃들어 있는 한, 교실은 사랑받아야 마땅하다. 나는 교실을 사랑한다. 교실에 담길 숱한 이야기를 사랑한다. 어쩌면 그렇게 믿고 싶은 건지도 모른다.

3월 1일은 공휴일이지만, 선생에게는 마냥 쉴 수 없는 날이다. 다음 날이 역사적인 개학 날이기 때문이다. 새로운 어린이들을 만나기 위해 차려야 할 것이 많다. 교실도 마지막까지 정돈하고 새 교실에 알

맞게 마음도, 생각도 정돈한다. 어느 정도 정돈이 되었다 싶으면, 교실 앞에 서 본다. 아직은 빈 교실이라 썰렁함이 감돈다. 아직은 사랑을 기다리는 중이다. 그래도 괜찮다. 겨우 하루만 있으면 거대한 에너지로 가득 찬 곳이 될 것이다. 살짝 떨리는 마음을 느낀다. 기분 좋은 떨림이다. 비어있는 깨끗한 칠판에 공들여 첫 인사를 쓴다.

> **자리는 편한 곳에 앉고,**
> **새로운 친구들과 인사해요.**
> **오늘은 우리가 함께하는,**
> **12월에 돌이켜보면 그때 그랬지,**
> **하고 웃으면서 그리워할**
> **정말 귀한 시간이랍니다.**
> **부디, 행복했으면 좋겠습니다.**
> **반가워요.**

3월 2일이 되면, 나는 일부러 교실에 느지막이 들어가는 편이다. 대략 8시 55분. 어린이들이 그때까지 나를 기대했으면 하는 마음이다. 나를 기대하는 날은 오늘이 처음이자 마지막일 거다. 어린이들이 서로에게 조심스러웠으면 하는 마음이다. 어린이들은 처음이자 마지막일, 서먹서먹한 분위기를 견디고 있을 거다. 어린이들이 교실을 마음껏 상상했으면 하는 마음이다. 새 교실에서 꾸는 첫 번째 꿈인 셈이다. 나 역시 그동안 더디 가는 시간을 기대하고 상상하며 참아낸다. 우리 각자가 꿈꾸는 첫 번째 꿈에는 옥(獄)살이가 없다. 옆 친구의 머리를 밟고 올라설 생각도, 대학이라는 멋진 포장지를 기다리는 생각도, 학교폭력으로 교실이 얼룩질 생각도 없다. 단지 교실에 켜켜이 쌓여갈 사랑의 시간을 마음껏 꿈꾼다. 그리고 그것이 내내 이루어지기를, 바라고 또 바란다.

그러니 사랑할 수밖에.
교실로 들어서며,
큼지막하게 인사한다.
"안녕!"

교실教室

말고

교실交室

교실은 하나의 선생(先生)과 여럿의 후생(後生)이 만나는 곳이다. 후생은 나중에 태어난 게 죄(?)라는 걸 바득바득 깨닫게 되는 곳이기도 하다. 선생이 먼저 태어나 먼저 겪은 일들을 후생들에게 말해주는 곳이기 때문이다.(우리는 통상적으로 이것을 잔소리라 부른다.) 그래서 우리는 대개 선생을 가르치는 자, 교사(敎師)라고 부르고 후생을 배우는 자, 학생(學生)이라고 부른다. 안타깝게도 선생이 가르치는 것의 대부분은 후생들에겐 귀찮거나 답답하고 재미없는 것들이다. 애초부터 뽀로로처럼 노는 게 제일 좋은 후생의 니즈에는 영 맞지 않는 관계다.

  그래도 어쩌겠는가, 나중에 태어난 게 죄라면 죄인 것을. 이렇게 보면, 선생이 후생에게 몹쓸 꼰대 짓을 하는 것처럼 생각될 수도 있겠으나 실은, 선생이고 후생이고를 떠나 교실은 사람 사는 곳이다. 선생과 후생으로 만나기 전에 사람과 사람으로 만나는 곳이라는 얘기다. 김소영이 『어린이라는 세계』에서 "어린이가 아무리 작아도 한 명은 한 명이다."라고 말한 것처럼 크든 작든, 먼저 태어났든 나중에 태어났든 그냥 하나의 머릿수에 불과한 사람과 사람의 만남인 것이다.

그래서 나는 교사 대신 선생 혹은 선생님이라고 불리는 게 좋다. 그저 먼저 태어난 사람일 뿐인데, '가르치는 자'라는 타이틀(특히, 스승 사(師) 자가 가장 부담스럽다.)을 받는 것이 불편하다. 먼저 살았던 경험과 가치, 지혜를 나누는 하나의 사람이면 좋겠다. 선생이라는 말이 딱 좋다. 그리고 후생들은 후생(사실, 잘 쓰지도 않는 말이지만)이라는 후진 말보다는 하나의 존재로서 그들의 이름을 불러주는 것을 좋아한다. 싸잡아 부를 때는 때에 맞게 여러분이라고 부르고, 어린이라고 부른다.

그래서 그런지 '교실(敎室)'이라는 말도 조금 부족하다. 선생이 어린이들에게 가르치는 공간이라는 말이다. 가르치고 배우는 것 또한, 학교에서 선생과 어린이가 만나 해야 하는 중요한 과업 중 하나이겠지만, 그보다 먼저 살펴야 할 것은 사람을 만나는 일이다. 서로 다른 사람끼리 즐겁고 행복하게 만나는 것이 무언가를 가르치고 배우는 것보다 훨씬 더 우선이다.

그러니 단어 하나가 뭐 그리 중요하겠냐마는, 교실(敎室) 말고 교실(交室)은 어떨까. 사람을 사귀는 공간. 말만 들어도 멋진 공간일 것 같다. 사람을 만나고 대하고 헤어지고 용서하고 사랑하고 존중하는 삶의 공간. 게다가 사귀는 것은 어린이들에게만이 아니라 내게도 중요한 일이다. 선생은 어린이와 즐겁고 행복하게 사귀기 위해 교실에 있다. 그것은 오롯한 기쁨이다. 어린이들과 제대로 사귀지 못하면 선생은 괴롭다. 어린이도 괴롭다. 선생과 어린이가 괴로운 교실은 당연 괴롭다. 선생도 어린이도 교실로 오는 발걸음이 얼마나 무겁겠는가.

우리는 보통 고등학교를 졸업하면서 교실을 떠난다. 대학에 진학하게 된다면, 교실처럼 사람들이 모여 함께 공부하는 공간이 마련되어 있지만, 대학은 그 공간을 교실이라 이름 짓지 않고 강의실이라 따로 지어 부른다. 그러니 교실은 고등학교까지다. 대학의 공간을 교실이라 이름 짓지 않는 까닭도 공간의 기능이 수업에 초점화되어 있기 때문일 것이다. 수업이 끝나면 강의실을 채웠던 사람들은 흩어지고 사라진다. 그러나 교실은 강의실과는 다르다. 수업이 끝나도 사람들은 남아 관계를 맺는다. 교실은 그런 공간이다. 사람을 사귀는 공간이다.

이런 낭만적인 말을 술자리에서 늘어놓았더니 고등학교 3학년 담임을 맡은 친구 한 놈이 역시 초등학교 선생님이라며 쓰게 웃으며 말한다.

"야, 사귀는 건 다 막아야 해. 사귀었다 헤어지고 그걸로 즈그들끼리 싸우고 울고 뒷담이나 까고 얼마나 골치 아픈 줄 아냐?"

그래, 나도 모르는 바가 아니다. 다만, 나의 교실은 꿈과 희망의 초등학교 교실이 아닌가.

"야, 초등학교니까. 낭만적이어도 용서해주라."

어쨌든 그렇게 나는 사람이 사귀는 낭만적인 교실을 꿈꾼다.

꿈을 향한 첫걸음은 단연 어린이들을 하나의 사람으로 대하는 것이다. 잘 듣고 잘 답해주는 것이다. 처음엔 어린이의 질문에 쉬이 답하지 않았다. 내가 막 선생이 되었을 무렵에는 그러했다. 나이는 100살, 몸무게는 1,000kg, 키는 너보다는 커. 정도로 답하곤 했다. 이외에도 여자친구가 있는지, 가족 관계는 어떤지, 좋아하는 운동은 무엇인지 등에 제대로 된 답을 주질 않았다. 어린이들에게 만만하게 보이지는 않을까 두려움이 앞섰던 때였다.

그렇게 몇 번 제대로 된 답을 주지 않으면 백이면 백, 어린이와 선생 사이에는 벽이 생긴다. 나는 어린이와 선생 사이엔 이런 벽이 꼭 필요하다고 생각했다. 하지만 이제는 나라는 사람에 대한 질문도 웬만하면 받아주는 편이다. 그게 지나친 사적 영역 침범이 아니라면, 가령 몸무게를 물어보는 따위의.(내 몸무게는 여전히 1,000kg이다.) 이렇게 질문을 진심으로 받아주기 시작한 것이 바로 교실을 교실(教室) 말고 교실(交室)로 이해하기 시작한 때부터였다. 어린이와 선생 사이에 벽이 있어야만 가르칠 수 있다고 믿었던 때를 지나, 어린이와 선생이 우선 잘 사귀어야 가르칠 수 있다고 믿는 때가 된 것이다.

그런데 이때부터 여러 가지 문제가 발생하기 시작했다. 어린이들끼리는 며칠이면 투닥거리며 대개는 쉽게 사귈 수 있는데 선생과 어린이가 사귀자니 삐걱대는 것들이 있는 것이다. 삶의 철학도 다르고(나도 노는 게 제일 좋긴 하다만) 관심사나 고민도 다르다. 좋아하는 음식도 다르고 음악이나 영화 장르도 다르다. 내가 오래 달리고 나면 개운해지는 게 있다고 말하면 어린이들은 푹 인상을 쓴다. 미술 시간에 통기타 반주의 잔잔한 음악을 브금으로 깔아주기라도 하면, 더러는 흥이 나질 않는다며 플레이리스트를 바꾸려 든다.

더구나 내가 대화라도 하려고 이름을 부르면 죄다 굳은 표정으로 다가온다. 머리를 바싹 짜서 찾아낸 어떤 잘못이라도 떠오른 모양이다. 요새는 그걸 즐기는 것 같기도. 어린이들의 귀여운 표정 변화를 즐긴달까. 괜히 "왜, 뭐 잘못했어? 왜 이렇게 얼어 있어?"라고 너스레를 떨어보기도 한다. 아무튼, 어린이도 선생과 대화하는 것은 대체로 부담스럽고 어려운 일이며, 고리타분하고 지루한 것이다. 그래서 교실을 잘 살핀다. 평소와 달리 기분이 안 좋아 보이는 어린이나 요새 큐브에 빠져 쉬는 시간 내내 큐브를 돌리고 있는 어린이와 같이 어린이와 가벼운 대화 거리를 만들 수 있는 계기들을 자꾸 발굴한다.

"오늘 기분 안 좋아 보인다?"
"아침에 엄마랑 싸웠어요."
"선생님이 엄마랑 대신 싸워줄까?"
"…?"

"선생님도 큐브 엄청 잘하는데."
"… ."
"선생님도 잘한다니까?"
"… ."

이렇게 대화에 실패하는 일이 비일비재하지만, 꾸준히 시도하는 것이 나름의 비법이라면 비법이다. 그렇게 노력하다 보면 나중에는 시시콜콜 대화를 거는 어린이들이 생긴다. 선생님은 마이쮸를 좋아하는지 새콤달콤을 좋아하는지 따위의 기호에 대한 질문이나 옆 반의 아무개와 아무개가 사귀기 시작했다는 브레이킹 뉴스도 더러 있다. 그때는 꼭 어린이의 눈을 바라본다. 잡무로 가득한 컴퓨터 모니터가 내 눈길을 부여잡더라도 어린이의 눈을 바라보려 한다.

선생을 선발하는 임용시험에는 모의수업 평가 영역이 있다. 어린이는 없지만, 어린이가 있는 것처럼 꾸며 일종의 모노드라마, 이른바 모노-수업을 찍는 것이다. 면접관은 이 기괴한 모노-수업을 보고 그대가 선생으로서 자격이 있는지를 평가하게 된다. 아무렴 어린이들이 없는 시험장이지만 수업만 덜렁 하기에는 소통 없는 선생처럼 보일까 싶어 수험생은 백이면 백, 텅 빈 시험장 이곳저곳을 돌며 이른바 순회 지도를 한다. 그때 반드시 들어가야 할 지시문이 있다. '(무릎을 꿇고 어린이와 눈을 맞추며)' 시험관 앞에서 보란 듯 무릎을 꿇는 내가 세상 작위적인 것처럼 느껴지는.

그러나 그 지시문은 결코 시험만을 위한 헛된 지시문이 아니다. 눈을 맞춘다는 것은 선생이 어린이를 대하는 태도와 자세를 말하는 것이다. 그 찰나의 순간을 놓치면 나는 영영 선생으로서의 기쁨을 놓치게 된다. 눈을 맞추는 순간, 우리는 서로의 마음에 귀를 기울이게 되고, 비로소 사귀게 되는 것이다. "눈 맞추면, 우리 사귀는 거다?"

이와 별개로 또 다른 거대한 문제는 선생은 어린이'들'을 사귀어야 한다는 것이다. 어린이는 질문을 쏟아낼 준비가 매일 아침 되어 있지만, 선생은 그 모든 질문에 답할 준비가 되어 있지 않다. 교실에 선생이 하나밖에 없기에 그렇고, 선생도 하나의 인간이기에 그렇다. 더구나 똑같은 질문이 계속 쏟아질 때는 더욱 그렇다. 오늘 체육 시간에 무얼 할지 묻는 질문을 열 명쯤 받다 보면 눈을 맞추며 꿋꿋이 답하던 선생도 어느 순간, 대답하기가 지친다.

그러다 보면, 선생의 말과 행동에는 날이 선다. 한숨을 쉰다든지, 짜증을 낸다든지, 답은 않고 차가운 표정으로 응시한다든지 그렇게 날이 선다. 신기하게도 그렇게 며칠을 그러다 보면, 오늘 체육 시간에 무얼 할지 묻는 질문이 줄어든다. 또 그렇게 몇 달이 흐르고 나면, 어린이들과 선생 사이에는 폴리스라인이라도 그어진 것처럼 경계선이 생긴다. 그럼 교실은 그저 N교시에만 작동하는 교실(敎室)이 된다. 어린이와 선생 사이에 생긴 폴리스라인이 그어지기 시작하면, 돌이키기도 쉽지 않다. 안타깝게도 묘수는 없다. 도를 닦는 수밖에. 언젠가 그런 말을 들은 적이 있다. 선생에게는 50번째 질문이었을지 몰라도 그 어린이에게는 첫 번째 질문이었을 거라는 말. 나는 그 말을 교실로 향하는 아침 출근길에 되풀이한다. 그러면 잠시나마 어린이들 말이 귀하게 들린다. 그리고 나 또한, 귀하게 답한다.

교실(教室) 말고 교실(交室)은 어떨까, 라며 말장난을 걸었지만, 교실은 교실(教室)이자 교실(交室)이다. 가르치는 것이든 사귀는 것이든 어느 하나 소홀히 할 수 없는 곳이다. 교실은 사람들이 모여 사는 공간이면서 동시에 모여 사는 방법을 배우는 공간이니까. 다만 교실의 무게추는 사귀는 것으로, 조금 기울었으면 하는 게 내가 교실을 바라보는 태도이자 내가 삶을 바라보는 태도다.

학교
괴담

학교는 각종 괴담에 빠지지 않는 배경이다. 이순신 동상이 밤마다 조금씩 움직인다는 얘기나 철봉 밑에 억울하게 죽은 누군가가 무시무시한 사연과 함께 묻혀 있다는 이야기, 학교가 묘지 터에 들어서서 망자의 한이 서려 있다는 이야기 등등 누구나 괴담 하나쯤은 들어봤으리라. 내가 어린이였을 때에도 우리 학교엔 괴담이 돌았다. 어느 학교에나 있을 법한 괴담이었다.

깜깜한 밤, 자정이 되면 느닷없이 복도 끝 아무도 쓰지 않는 교실에서 피아노 소리가 들리기 시작하는데, 병을 얻어 일찍이 죽은 아이(아니지. 선배님인가?)가 치는 구슬픈 피아노 소리라나 뭐라나. 지금 생각하면 헛웃음이 나는 이야긴데, 가끔 깜깜해진 학교에 홀로 남아 껌껌한 복도를 보고 있노라면, 꼭 그때의 괴담이 떠오르며 오싹함을 느끼기도 한다. 복도 끝 교실엔 피아노도 없는데. 어쨌든 이렇게 학교는 각종 괴담으로 꾸며지기 꼭 알맞은 배경이다.

디지털 시대를 맞아 각종 커뮤니티를 통해 활자화되어 옮겨지는 이야기가 더 많아서 구전되어 떠도는 이야기가 많지 않은 지금의 시대에도 아날로그한 학교 괴담은 여전히 존재한다. 학교를 배경으로 하는 괴담은 시대를 타지 않는 묵직한 유행인 셈이다. 다만, 요즘 떠도는 괴담은 최신의 괴담이다.

내가 수련회에서 어린이들에게 엿들은 학교 괴담은 깜깜한 밤, 자정이 되면 느닷없이 4학년 4반(세대를 관통하며 여전히 오해를 사는 '死'올시다.) 컴퓨터가 켜지는데, 세상을 일찍 등진 선생이 섬뜩한 알림장을 컴퓨터 메모장에 빨간 글씨로 적어준다는 그런 이야기다. 그러니까 예전처럼 분필이 절로 움직여서 삐그덕대며 판서로 메시지를 전하는 게 아니라, 컴퓨터 메모장에 저절로 적힌다는 시대적 배경을 충분히 반영한 이야기다. 같잖은 괴담이네, 싶으면서도 언젠가부터 퇴근하기 전에 컴퓨터가 제대로 꺼지는지 지켜보는 나를 발견한다. (실제로 나는 2023학년도 4학년 4반 담임을 맡았더랬다.)

이렇듯 소재나 상황 따위는 시대적인 요구로 조금씩 바뀌겠으나 학교 괴담에는 딱 한 가지, 시대를 관통하는 설정이 있다. 학교 괴담은 늘 어린이들이 없는 시간의 학교를 배경으로 삼는다는 점이 바로 그것이다. 자고로 괴담이라 하면, 어둑한 밤이 되어야 오싹한 분위기가 제대로 묘사되기에 그런 면도 없잖아 있겠으나, 언제나 어린이가 있기에 어린이의 힘과 웃음, 행복 따위로 당연히 가득 채워지는 학교에서 그것들을 떼어내어 낯설게 만들기 위한 일종의 문학적 장치일 것이다.

그러한 배경만 따지고 들면, 지난 2020년의 3월은 학교 괴담과도 같았다. 여태 3월은 어김없이 설렌 마음을 안고 학교에 온 어린이들이 북적이는 달이었다. 총탄이 오가는 전쟁 중에도 문을 열었다는 곳이 학교 아닌가. 그런데 2020년의 3월은 그러지 못했다. 갑자기 찾아온 전염병은 학교, 선생, 어린이를 일순간 모두 멈추게 했고, 개학은 미뤄지고 또 미뤄져 6월에야 어린이들은 학교로 돌아올 수 있었다. 그나마도 당시 내가 근무한 학교가 한 학년에 한 학급뿐인, 규모가 작은 학교였기에 가능한 일이었다. 그러니 어린이가 없는 낯선 학교, 지난 2020

년은 내내 학교 괴담이었다.

3개월이라는 긴 시간, 어린이가 없는 학교는 심히 낯설었다. 음악 시간 노랫소리가 옆 반까지 들려올 일이 없었다. 시답잖은 이야기로 소란스러워질 일도 없었다. 복도에서 뛰다가 선생님께 야단을 맞을 일도 없었다. 점심시간에 스파게티가 나온 날, 누가누가 많이 먹나 의미 없이 가릴 일도 없었다. 그저 당연하다고 생각했던 게 일순간에 사라진, 낯선 상황이었다. 그렇게 당연한 줄 알았던 것들이 사라진 학교는 기괴했다.

학교로 출근하면, 매번 담임 선생보다 일찍 등교해서 교실의 불을 켜는 어린이가 없어 내가 불을 켜야 했다. 먼저 교실에 와서 친구들과 선생을 종종거리는 마음으로 기다리는 어린이가 없었다. 친구와 선생을 반갑게 맞이하며, 안녕을 건네는 마음씨가 없었다. 시간 가는 줄 모르고 수업 시간을 자꾸 놓치는 어린이가 없어 시계의 째깍째깍 소리만 유독 크게 들렸다. (난 그동안 저 시계가 무소음 시계인 줄만 알았네, 그래.) 그래서 1초 늦었네, 말았네, 다투는 어린이가 없었다.

그렇게 주변의 삶에 이러쿵저러쿵 참견할 거리가 없었다. 저마다 각자의 삶만이 음소거된 채로 간섭 없이 조용히 놓였다. 운동장은 내내 텅 비어 있었다. 허겁지겁 밥을 욱여넣고 연신 오물거리며 공을 차는 어린이가 없었다. 빠져나갈 구멍 투성인 허술한 규칙의 놀이지만 누구 하나 불평하지 않고 즐겁게 어울려 놀고 있는 어린이가 없었다. 그러니 비가 와도 아쉬워하는 이가 하나 없었다. 내일의 시간표를 붙일 필요가 없었다. 칠판도 늘 텅 비어 있었다. 내일을 묻는 어린이도 내일을 기대하는 어린이도 없었다. 어린이가 없는 교실은 선생도 기대되지 않았다.

아무리 곱씹어 보아도, 이건 괴담이었다. 내가 선생으로서 처음 경험한, 어린이가 없는 학교는 괴담이었다. 어쩌면, 이 이야기가 입에서 입으로 전해지는 구설로 남아 제멋대로 각색된다면, 학교에 떠돌며 진짜 괴담이 될지도 모를 일이었다. "있잖아, 언젠가 3월에 학교가 문을 안 열었던 때가 있었대. 그런데 말이야…," 따위로 시작하는. 왜 숱한 학교 괴담들이 학교를 어린이로부터 떼놓는 것으로부터 이야기를 시작하는지 대번에 알 수 있었다. 어린이가 없는 학교란, 누구도 경험해본 적이 없는, 그리고 누구도 쉽게 상상해볼 수 없는 낯선 장소이니까. 그곳에선 어떤 초자연적 현상이든 벌어질 것만 같으니까.

  어린이들이 여전히 학교에 오지 못하던 2020년 그해의 어느 날, 해가 한복판에 떠 있던 대낮에 교실에서 나와 복도 끝 교실을 바라보는데, 낯선 피아노 소리가 희미하게 들렸다. 문득 어렸을 적 그때의 괴담이 떠올라 조금 웃음이 났다. 그리고 바로, 괴담의 복판에 서 있는 순간이 오싹하게 느껴졌다. 원격수업이랍시고 아침마다 화면으로 인사를 나누는 일도, 음소거가 된 채 고요하게 공부하는 일도, 대꾸 없는 쉬는 시간을 혼자의 교실에서 외롭게 보내는 일도 오싹하게 느껴졌다.
  가끔 그때의 학교를 회상한다. 이제는 웃어넘기

며 이순신 동상 아래에 숨겨놓을 만한, 한낱 괴담이었네 싶으면서도, 다시는 학교가 어린이를 떼어놓는 괴담은 일어나지 않았으면 하는 간절한 마음으로 가득 들어찬, 당연한 교실에 감사한 마음을 갖는다.

더하기	
	소문 무성했던 이순신 동상이 결국엔 1cm도 움직이지 않았던 것처럼 결국 아이들은 교실로 돌아왔다. 많은 학교 괴담이 그렇듯 결국엔 언제 그랬냐는 듯 제자리에 돌아오는 것이 괴담의 결말이라면 결말이다. 이야기가 어떻게 꾸며지든 간에, 학교는 어린이를 떼어놓을 수는 없는 거다. 그러니 2014년 4월, 차라리 하나의 괴담이었다면 좋았을 그날은, 교실로 돌아오지 못한 채 그대로 가라앉아 버린, 도무지 믿기지 않는, 그날은, 얼마나 더 허망한가.

교실이
운동장이라면

"학교에서 가장 좋아하는 공간이 어디야?"

물으면서도 선택지가 별로 없는 닫힌 질문인가 싶어, 미안한 마음이 든다. 뭐, 도서관, 과학실, 컴퓨터실 그런 이름들이 나오겠거니.

"그게 무슨 말이에요?"

아차, 질문 자체가 어려웠다. '공간' 개념은 아직 낯선 개념이다. 쉽게 설명해주기로 한다.

"그러니까, 음, 너희들이 자꾸 가고 싶은 곳? 거기가 어디야?"

"아! 뒷마당이요. 항상 그늘이 있어서 시원하게 피구할 수 있어요."
"그 도서관 넓은 의자요. 의자 되게 푹신해요."
"당연히 신발장이죠. 신발 갈아신으면 신나는 일이 생기잖아요."

"저는 신발장 쪽 돌담이요. 만날 학교 끝나면 거기서 놀아요."
"작년 선생님네 교실요. 아직도 거기서 모여요."

누군가 대화의 역동성은 답변이 만든다고 했는데, 누구더라. 오히려 내가 '공간' 개념을 너무 좁게 생각한 건 아닐까. 기껏해야 몇 군데로 답변이 맴돌 줄 알았는데, 괜히 머쓱하네. 선택지로는 상상하지 못했던 공간, 실은 내겐 공간이라고 말하기 어려운 공간들이 어린이들 입가에 떠올랐다. 선생인 내가 바라보는 학교와 어린이들이 생각하는 학교는 아무래도 다르다.

어린이들이 공간을 바라보는 시각은 다소 엉뚱하다. 벽과 기둥, 문과 창 따위로 구분 짓는 대신 자신을 가운데 두고 새로이 공간을 해석한다. 그것이 어린이들이 학교 속 공간을 이해하고 사랑하는 방법일 것이다. 사실, 엉뚱한 건 어린이들이 아니라 굳어버린 내 공간 개념일지도 모를 일이지. 그런데 누구 하나 우리 교실을 답으로 내놓는 어린이가 없다.

섭섭하네. 그새를 못 참고 되묻는다. 어쩌면, 유도 심문이랄까.

"그럼, 우리 교실은 어때?"
"… 좋죠."

눈치 좋은 어린이 몇이 좋다고 답해준다. 그러면서도 결코 뜻을 굽히지는 않는다.

"그런데 밖에 나가는 건 더 좋죠."

확실히, 교실보다는 교실 밖이 좋은 어린이들이다. 사실, 어린이들이 가장 오랜 시간을 보내는 공간은 교실이다. 그렇지만 가장 좋아하는, 좋아했던 공간으로 교실을 뽑는 이는 많지 않다. 어린이들도 그렇고, 어른들도 그렇다. 나 역시 교실 밖 운동장이나 급식실, 매점 등이 떠오르지, 교실은 막상 떠오르지 않는다. 교실이 주는 막막함 때문일까. 창 밖으로 쏟아지는 햇살에도 형광등에 의지해 가만히 책상에 앉아야만 하는 억울함 때문일까. 우리는 교실에서의 해방을 꿈꾼다.

그런데 막상 해방되고 나면, 청개구리처럼 학교가 애틋해진다. 떠나온 학교를 가만히 바라보고 있으면 막막하고 억울했던 그때의 순간 대신, 마음속엔 평화로움이 핀다. 해가 기울어 갈 즈음. 해가 넓게 들어 기분 좋은 따뜻함이 비치는 운동장. 창문에 걸려 누군가를 향해 기분 좋게 손을 흔드는 선생님. 옹기종기 모여 재잘대는 새들처럼 웅성거리는 어린이들. 매번 골대를 빗나가는 축구공에도 아랑곳하지 않고 땀을 흘리는 어린이들. 주인을 알 수 없는 책가방들이 아무렇게나 모여있는 농구대. 술래잡기의 무대가 되기를 기다리며 은빛으로 반짝거리는 놀이터. 모든 학교 풍경은 한데 모여 저마다의 평화로움을 만들어낸다. 우리가 바랐던 해방은 뭘까? 이것이 바로 멀리서 보면 희극이고 가까이서 보면 비극인 건가.

언젠가 EBS에서 수능을 앞둔 한 수험생이 자신

은 하늘을 보지 않는다며, 수능을 앞두고 괜히 동요할까 두려워서 그렇다고 말하는 장면을 본 적이 있다. 스치듯 지나간 순간의 장면인데 아직까지 기억에 오래 남아 있다. 이후로 나는 맑은 하늘을 보면 내 삶과는 상관없는 그가 떠오르곤 했다. 학생으로서의 고된 날들을 맑은 하늘이 보이지 않는 교실에서 견디고 견뎠을, 그가 떠올랐다.

유난히 맑았던 하늘 아래 넓게 뛰노는 우리 반 어린이들을 보면서, 이 어린이들도 점점 하늘을 보는 시간이 줄어들겠지 싶어서, 두려웠다. 난 결국 하늘을 보는 걸 가르치는 선생인가, 하늘을 보지 않는 걸 가르치는 선생인가 망설였다. 그리고 내 기억 속 그 수험생도, 수능이 끝나 어쩌면 이제는 대학 생활도 마쳤을 지금도, 교실을 영영 떠났을 지금도, 여전히 늘 그랬듯, 하늘을 보지 않고 있을 것만 같아서 쓸쓸했다.

그러면서도 문득, 내가 하늘을 보며 그를 떠올리는 건 그가 기억에 남아서가 아니라 나 역시 하늘을 보며 그가 두려워했던 것처럼 무언가에 동요하고 있기 때문이란 걸 알았다. 겨우 해방된 학교라는 공간을 멀리서 바라보며 평화를 얻는 건 그곳에서 우리가 간직하고 있는 저마다의 아이다움을 추억할 수 있기 때문이란 걸 알았다. 순간마다 순수하고, 솔직했던 그때가 떠올라 조금 웃을 수 있는 여유를 얻을 수 있기 때문이란 걸. 내겐 학교가 직장이지만 그런 나 역시 퇴근길에 멈추어 서서 돌아보는 학교의 모습에서 늘 위안을 얻는다. 어른이 되었음을 실감하면서도 여전히 순수했던 기억이 어른이 된 나와 함께하는 것 같아 그렇게 내심 안심한다.

교실이 운동장이었으면 좋겠다. 그래서 가장 좋아하는 공간으로 누구나 교실을 떠올렸으면 좋겠다. 어린이들이 자유와 행복, 즐거움, 흥미를 느낄 수 있을 운동장 같은 공간이었으면 좋겠다. 하늘 아래, 자유롭게 살아가며, 마음껏 동요하는 어린이들이었으면, 그렇게 하늘을 떠올리고, 하늘을 보며 사는 어른이 되었으면 좋겠다. 하물며 그렇지 못하더라도, 학교를 보는 순간만이라도 자신의 어린 시절의 평화를 추억하며 즐거워했으면, 좋겠다.

느닷없이 계획에도 없던 말로 화답한다. 하늘을 보는 걸 가르치기로 마음먹는다.

"그래? 그럼 3교시는 밖에서 수업할까?"
"우와! 너무 좋아요!"

(쉬는 시간)

　상담 주간이 되면 괜히 곤두선다. 어린이를 화두로 대화를 나누는 건 줄곧 적응되지 않는 일이다. 이런저런 부탁과 부탁이 오간다. 염려와 염려가 서로 오가고 칭찬과 칭찬이 오간다. 대화가 소강할 즈음이 되면 끝맺음을 찾는다. 이런 대화는 언제나 끝맺음이 어렵다. 그럴 줄 알고 나는 기특하게도 끝맺음 말을 정해두었다. 정해진 대로 미리 준비한 끝맺음 말을 전한다.

　"언제든 상담은 또 가능하니까요, 연락 주세요. 저도 필요할 때 연락 드릴게요."

　끝맺는 맥락을 알아듣기에 분명, 충분한 말이다. 그런데,

쉬는 시간

"네, 선생님. 저… 그런데… 요새 좀 피곤하세요?"

이건 또 무슨 전개란 말인가. 끝맺음은 무슨, 새로운 국면을 맞이했다. 요새 좀 피곤하긴 했다. 아이가 태어나고 양껏 자본 기억이 없었다. 그렇지만 어디서 티가 났단 말이지. 요새 얼굴빛이 좋지 않다는 얘기는 좀 듣기는 했다만. 요새 선크림 바르는 게 좀 귀찮아서 건너뛰기도 했다만. 그래도 나 쌩쌩한데. 아무렴, 이 맥락에서 갑자기 물어보는 까닭은 또 뭐지. 피곤하다. 게다가 딱히 답할 말이 떠오르질 않는다. 잠시 말을 고르며 침묵한다.

"…, 요새 아기 키우느라 힘드시죠? 아이가 많이 걱정하더라고요. 표정도 안 좋으시고 힘들어 보인다

〈쉬는 시간〉

고. 그래서 애들이 아침마다 밝게 인사하기로 정했다고 하더라고요."

그러고 보니, 며칠 전부터 주차장에 차를 대면 주차장까지 우르르 뛰어나와 나를 반기는 어린이들이 있었다. 아, 설마 그래서?

"아, 요새 애들이 아침부터 막 주차장까지 뛰어나오던데!"

나도 모르게 혼잣말이 방백처럼 입 밖으로 튀어나온다. 말 고를 틈 없이.

"네, 그런가 봐요. 그래서 선생님보다 일찍 학교에

쉬는 시간

가야 한다고. 아침에 애 좀 먹고 있어요. 선생님, 늘 감사해요. 힘내세요!"

그냥 무료한 아침 시간부터 날 괴롭히려는 어린이들인가 했는데, 심지어 아침 활동 시간에 밖에 나오는 어린이들에게 잔소리만 했는데. 마음씨 갸륵한 행동이었네. 울컥하는 마음을 애써 달래며 고마운 마음으로 대화의 끝을 맺는다. 내일 출근할 때는 꼭, 웃으면서 맞이해야지. 주차장까지 달려 나올 어린이들에게도 고마워해야지.

그런데…
다음 날부터는 어째서인지
나오지 않았다고 한다….
어떻게 사랑이 변하니…?

1년짜리
일회용 교실

어린이와의 1년 살이를 마치고 작별을 하고 나면, 선생 역시 교실을 떠날 채비를 한다. 돌아올 3월에는 교실의 주인이 바뀌기 때문이다. 운이 아주 좋다면 교실을 그대로 이어 쓰는 경우도 있겠으나 열에 아홉은 교실의 주인이 바뀐다. 하물며 선생은 바뀌지 않더라도 어린이들은 바뀌기 마련이다. 그러니 1년 살이를 마치면, 선생은 교실을 떠날 채비를 해야 한다. 교실을 떠날 채비란 다름이 아니라, 교실을 말끔히 비우는 일이다. 그동안 조금씩 정리하지 않았던 나를 나무라며, 매번 미루기만 했던 지난날의 나를 저주하며 비우는 일이다.

좁은 공간에 스무 명이 모여 살면서 만들어진 각종 쓰레기와 먼지는 정해진 교실 약속에 따라 며칠에 한 번씩 정리가 되었겠으나, 그동안 늘어나기만 한 교실 세간은 그렇지 않다. 며칠 동안이나 교실 곳곳에 묵혀두었던 것들을 끄집어내 정리하고 묶고 분리해 버려야 한다. 오리다 남은 색종이, 빛이 바랜 색지, 몇 개의 색이 빠진 색연필이나 크레파스, 쓰다 남은 공책, 당시에는 정성껏 만들었던 코팅 종이들. 더러는 버리기 아까운 것이지만, 교실을 새로이 채울 어린이들을 위해 거침없이 정리해주는 편이 좋다. 필요한 건 새 교실에서 새 선생이 새로 마련할 테니까.

사실, 난 버리는 데에 정통한 선생이다. 몇 번은 어느 교실에 가서 컨설팅을 한 적도 있었다. 이른바, '버리기' 컨설팅. 컨설팅의 기준은 3개월인데, 3개월간 찾지 않은 것이나 묵혀둔 것들은 과감히 버리라는 강력한 기준이다. 포장을 채 뜯지 않은 새 물건도, 1년에 한 번쯤은 꼭 쓰는 물건도 다 버린다. 버릴 때는 쓰레기장으로 보낼 수도 있고, 주변에 나눠줄 수도 있고 더러는 협의실 따위의 공용 공간에 두어 함께 쓰도록 할 수도 있다. 다만, 당장 교실에서만 내쫓는 것이다. 이렇게 강력한 기준으로 컨설팅을 하다 보면,

"이것까지 버리라고?"라며, 혼란스러워하고
"버리는 김에 저것도 버려."라고 다독인다.

"이건 애들이 진짜 공들인 건데?"라며, 자책하고
"어쩔 수 없어. 사진 찍고 버려."라고 위로한다.

"이건 진짜 안 돼."라며, 선언하고
"빨리 내놔."라고 대꾸한다.

 이렇게 가차 없이 버리다 보면, 교실은 점점 텅 비어가고, 큰 박스 하나면 충분히 교실 이삿짐이 꾸려진다. 이렇게 버리는 것에 있어서는 인정머리 하나 없는 나지만, 내심 거북스러운 마음을 감출 수 없다. 교실을 비우면서, 그동안 교실이라는 공간이 교육을 방패 삼아 얼마나 많은 일회용품을 지속적으로 소비하고, 재활용이 어렵거나 혹은 아예 불가능한 물품을 사고 또 만드는지 무겁게 발견하게 되기 때문이다. 더구나 환경을 사랑해야 한다고, 환경을 아껴야 한다고 숱한 메시지를 던졌던 초라한 나 자신을 발견하게 되기 때문이다. 아무리 눈을 질끈 감아도 삐그덕대는 마음은 감길 수가 없다. 선생으로서 양심의 가책을 느끼는 셈이다. 그러나 또한,

이건 선생 1인칭만의 가책이 아니다. 동시에 어린이들을 향한 2인칭의 가책이며, 세상을 향한 3인칭의 가책이다.

아껴 쓰자는 말은, 색이 하나 없어졌다며 버려지는 크레파스에 무색해지고, 나눠 쓰자는 말은, 같은 학년을 맡지 않을 거라며 버려지는 수많은 수업 교재들에 무색해진다. 바꿔 쓰자는 말은, 필요한 이를 일일이 찾는 게 귀찮다며 버려지는 각종 집기에 무색해지고, 다시 쓰자는 말은, 새 어린이들에게는 새 걸 사주는 게 보기가 좋다며 버려지는 중고 학용품에 무색해진다. 교실을 말끔히 비우면서, 그렇게 선생이 어린이들에게 전한 메시지도 텅 빈 메시지가 된다.

교실이야말로 환경 이슈에서 가장 사각지대에 놓인 곳이 아닐까. 교실에서는 늘 어린이들에게 환경을 위해 힘쓰자고 독려하면서도 결국 어린이들과 작별하고 나서야, 어린이들 몰래 이러고 있는 비겁한 모습을 보라. 교실은 항상 환경을 열심히 가르치지만, 역설적이게도 교실은 항상 환경과 멀리 떨어져 있다. 그러나 교실과 분리된 교육은 삶으로 나아가는 동력을 얻을 수 없다. 어린이들은 교실을 닮는다. 교실이 그렇게 작동하면, 어린이들은 어린이답게 교실에 빠르게 익숙해진다. 교실에서 아무리 좋은 환경 교육을 받더라도 소용없다. 어린이들을 삶으로 이끄는 건 한두 시간짜리 일회용 환경 수업이 아니라 일상의 교실 그 자체다. 안타깝게도 지금 우리에게 익숙한 교실이라는 공간은 1년짜리, 일회용이다. 텅 빈 교실에서 어린이들은 쉽게 사고 쉽게 질리고 쉽게 버리고 쉽게 잊는다.

  도화지 대신, 버려진 종이 상자를 잘라 만든다. 낱낱의 종이 대신, 태블릿에 기록한다. 종이 타월과 물비누 대신, 수건과 고체 비누를 사용한다. 양치컵과 텀블러를 늘 가지고 다니며 직접 씻고 말려 사용한다. 수업에선 되도록 이면지를 쓰고 다용도 교실 장바구니를 마련한다. 다양한 이유로 버려지는 학용품들은 잘 모아서 필요한 곳에 요모조모 쓰일 수 있게 한다. 쓰임새가 떨어졌거나 시기를 놓친 물건들은 나누고 바꾸어 다시 쓰임을 찾을 수 있도록 돕는다. 3개월을 기준으로 버리는 데에만 에너지를 쏟을 게 아니라, 쓰임새가 많지 않은 물건은 처음부터 사지 말고 주변에서 빌려 쓸 수 있는지부터 확인한다. 환경을 고려하는 일이 대개 그렇듯 귀찮고 품이 많이 드는 일이다.

그렇지만 우리의 미래가 앉아 공부하는 교실이라는 공간은 필연적으로 미래를 향해야만 한다. 1년을 보내고 작별한 교실은 쓰레기통처럼 깔끔하게 비워지는 것이 아니라, 아껴 쓰고, 나눠 쓰고, 바꿔 쓰고, 다시 쓰여야만 한다. 교실의 곳곳은 어린이들에게 언제나 이렇게 말해야 한다. "우린 일회용이 아니니까."*라고.

---

* 고금숙 작가가 펴낸 『우린 일회용이 아니니까』(슬로비, 2019)라는 책의 제목을 빌려 적은 것입니다.

더하기

"그거 알아요? 왜 작년에 쌤네 반이었던 민수."
"민수. 왜요?"
"아니, 환경 관련해서 배우고 있는데 자꾸 딴지를 걸길래. 너 작년 담임 선생님은 버려진 종이 상자 가져다가 잘라서 시간표도 만들고 얼마나 환경 교육에 열심이었는데 그러냐고 나무랐죠."
"그랬더니요?"
"그건 고상훈 선생님이 돈이 없어서 그런 거 아니었냐고 되묻는 거 있죠?"
"아...?"

"선생님, 할 말 있어요."
"응?"
"협의실에 새 종이 있어요."
"응? 그게 무슨 말이야?"
"자꾸 헌 종이에 인쇄해주시잖아요. 협의실에 새 종이 있어요."
"아...?"

어린이들에게도 환경을 고려하는 일이란
도통 와닿지 않는 것이다.
그래도 꿋꿋이 닿을 때까지
우린 일회용이 아니라고 말을 걸어야 한다.

51

교실의
턱

선생이 되는 일을 우리는 교단에 섰다, 혹은 교단에 올랐다고 표현한다. 그러니까 교단에 선다는 것은 교실에서 늘 어린이로만 역할 했던 누군가가 그 역할의 경계를 넘어 어린이를 마주하는 선생으로 올라선다는 것을 의미한다. 그래서인지 선생이 되어 교단에 서는 것은 참 흥미로운 일이다. 금단의 영역에 침범하는 느낌이랄까.

어린이도 선생을 꿈꾸는 경우가 더러 있는데, 교육을 향한 진심이나 공무원이라는 안정적인 직장에 대한 열망일 수도 있겠으나, 선생만이 존재할 수 있는 저 교단에 올라 어린이가 아닌 어른으로서 권위를 얻고 싶다는 충동인 경우가 더 많다. 실제로 선생이 등장하는 어린이들의 역할극을 엿들으면 (그런 선생은 만나본 적 없으면서도) 교단처럼 살짝 높은 위치에서 어린이 역할을 하는 순진한 어린이들을 내려다보며 찍어 누르는, 세상 엄하고 언사가 폭력적인 선생이 다수 등장한다. 교단은 이처럼 교실에서 선생과 어린이를 구분하는 권위의 턱이다.

그렇지만 요새의 교실에는 교단이 없다. 교실에

내재된 선생의 권위 의식을 부러 지우기라도 하듯 교실 곳곳은 평평하게 짜여 있다. 어린이가 사는 공간이나 선생이 지내는 공간이나 미끄러지듯(실제로 어린이들은 슬라이딩을 자주…) 경계를 넘나들 수 있다. 그러면서 선생을 꿈꾸는 경우가 많이 줄어들게 되었는데, 공무원이라는 직장에 대한 사회적 회의감이 반영된 것일 수도 있겠으나, 선생만이 존재할 수 있는 교단이 없어지면서 교실 안의 어른과 어린이의 경계가 모호해진 까닭도 일부 있다. 아직 직업에 대한 진지한 고민보다는 (뭐든 할 수 있는 것처럼 보이는) 어른이라는 위치에 오르고 싶은 어린이들이기에 자신들도 능히 넘어갈 수 있는 선생의 영역에는 영 매력을 느끼지 못하는 것이다. 어쨌든, 모종의 이유로 교실에는 점차 교단이 사라졌고, 그러니 선생이 되는 일을 교단에 섰다 혹은 올랐다고 표현하는 것은 구태의연한 말이 되어 다만 관용어로서만 작용하게 되었다.

교실에서 교단이 없어졌다는 것은 다시, 선생과

어린이들의 만남이 수직의 관계에서 수평의 관계로 재조직되고 있음을 뜻한다. 선생-어린이 간 관계의 재조직은 교실의 모습을 상당 부분 바꾸기 시작했다. 그중에서도 으뜸은, 회초리의 종말이었다. 라떼(아차차…)만 하더라도 체벌이 왕왕 집행되던 시절의 교실을 겪었고, 나보다 이전 세대의 교실 이야기는 정말이지 듣는 것만으로도 지칠 정도로 암담한 일들이었노라.

체벌로 대표되는, 일방적인 소통 구조였던 교실은 교단이 사라지면서 양방향 소통 구조로 재조직되었다. 선생은 재조직된 교실에서 어린이에게 지시하는 역할 대신 어린이를 설득하는 역할을 요구받았다. 때문에, 교실에서 벌어지는 일에 어린이들의 동기가 강조되었고, 그러한 동기를 만들 수 있는지가 선생의 중요한 역량이 되었다.

또한 당연하게도, 교실에는 민주화의 순풍이 불기 시작했다. 그동안 선생이 교실에 필요한 규칙들을 만들어 통치하는 독재 혹은 철인통치였다면, 요새의 교실은 작은 아고라 광장에 더 가깝다. 교실

아고라에서는 더 나은 교실 운영을 위한 열띤 토론 … 대신, 숱한 고자질과 체육을 더 하고 싶다는 둥, 숙제를 내지 말아 달라는 둥, 부정한 청탁이 오가긴 하지만, 어린이들의 목소리는 여론이라는 힘을 갖기 시작했다.

여론이라는 감히 무시할 수 없는 힘을 갖게 된 어린이들은 교실의 많은 영역을 자신들의 영역으로 가져오고 자신들이 유리한 편으로 바꾸었다. 선생으로서는 한번도 고민해보지 않았던 새로운 질문을 마주해야 했고, 그것을 단순히 무시한다는 것은 결코 있을 수 없는 일이 되었다. 예를 들어, 교실에서 이런 질문이 날아든다면, 뭐라 답하겠는가?

"선생님은 왜 교실 청소 안 해요?"
"선생님만 슬리퍼 신으라는 법 있어요?"
"왜 브금은 선생님이 좋아하는 것만 틀어요?"
"선생님도 아침 활동 시간에 책 읽어요."

이런 어린이들의 타박, 아니지, 질문을 받는다면?

나는 말문이 턱 막혔더랬다. 더러는 어찌 설득하고 더러는 받아들이는 수밖에 없다. 언젠가는 왜 선생은 어린이가 뽑을 수 없는 거냐는 물음까지 받은 적도 있었다. (그렇다고 선생이 어린이를 뽑은 것도 아니잖아?) 그래서 나는 교실 청소를 한다. 나도 어린이들처럼 당번 날짜가 정해져 있어, 때에 맞게 청소를 해야 한다. 브금도 어린이들이 직접 신청을 받아 틀어주는 식이다. 내가 듣고 싶은 통기타 노래도 듣고 싶거들랑 신청서를 꼼꼼히 적어 제출해야 한다. 한편, 슬리퍼는 여전히 신고 있고(위급한 상황에 빨리 실외화로 갈아신고 나가야 한다는 허술한 핑계로), 아침 활동 시간에는 컴퓨터 보는 시간이 더 많다.(밀린 업무가 산더미라는 과장된 핑계로)

한편, 이렇게 교실에 불어닥친 민주화의 바람은 어린이들에게도 새로운 어린이상(像)을 요구하기 시작했는데, 바로 어른 같은 어린이가 되는 것이었다. 어린이들은 여태껏 어른의 유산을 물려받아 묵묵히 배워 바르게 자라나는 것이 제일이었지만, 이제는 스스로 다그쳐 자라야 하는 어른의 면모를 요구받게 되었다. 교단이 사라지고 어린이와 어른의 경계가 평평해졌으니 자연히 한 사람의 역할을 어린이로서 감당해야 했다. 더러는 역할 기대에 미치지 못하여 지위를 상실하기도 하겠으나 대부분은 교실 속 자신의 지위를 지키기 위해 어떻게든 자신의 역할을 다하고자 스스로 채근한다. (거창하게 교실의 민주화에 대해 서술했으나, 교실의 민주주의는 소박한 수준이라는 점을 양해 바란다.)

교단이 없어진 요새의 교실 이야기를 들으면 교실 밖 어른들은 혀를 끌끌 찬다. 선생 그림자도 밟지 않던 시대를 살았던 이들에게 지금의 교실은 대단히 낯선 모습일 것이다. 선생의 마음을 무참히 꺾어 놓는 사건이 연달아 일어났을 때도 교단이 없어진, 아니 무너진 까닭에 이 지경이 된 것이라고, 어린이들은 매를 좀 맞아야 한다고 말하는 교실 밖의 어른들이 꽤 있었다. 그러니까, 다시 교사가 교단이라는 권위에 올라 때론 어린이들을 매질하며 일방적인 소통 구조의 교실로 돌아가야 한다는 것이다.

무너진 교단을 새로이 세워야만 한다는. 그러나 교실 밖의 어른들이 오해하고 있는 것은, 선생이 교실 속에서 세우고 싶은 것은 권위가 아니라 존중이라는 점이다.

평평하게 짜인 새 교실의 모습이 말 그대로, 기어오르는 어린이들을 양산했다고 생각할 수 있다. 앞서 옮겨 적은 어린이의 질문을 읽으면서도 요새 애들 버릇없네, 싶었을 수 있다. 그러나 그런 기어오르는 어린이들, 그러니까 선생을 무례하게 대하는 어린이들을 가르치는 건, 권위가 아니라 존중이다. 평평한 교실에서 어른과 어린이가 서로를 사람으로 대할 수 있는, 존중의 약속이 필요하다.

교실의 갈등은 그저 하나의 갈등이다. 욕이든 손찌검이든, 문제 행동이 선생을 향했을 때, 어찌 어린이가 어른에게 그리할 수 있냐며 비난을 늘어놓지만, 욕이나 손찌검은 그것의 대상이 선생이 아니라 친구인 경우에도 충분히 비난받을 만한 것이다. 그저 하나의 갈등인 것이다. 선생에게 회초리를 다시 쥐어 준다면, 어찌어찌 어린이가 선생을 막 대하는 상황은 급히 막을 수도 있겠으나, 그들을 결국 가르칠 수는 없다. 그것이 잘못된 행동임을 진심으로 반성하도록 설득할 수가 없다.

나는 어린이들에게 선생이지만, 한 사람으로서의 감정과 기분을 숨기지 않는다. 어린이에게 미안하다고 말하는 걸 아끼지 않고, 고맙다고 말하는 걸 아끼지 않는다. 또한, 슬픈 건 슬프다고 속상한 건 속상하다고, 놀란 건 놀랍다고 기쁜 건 기쁘다고 말한다. 당연한 문장이지만 교단이 있었던, 권위주의적 교실에서는 선생이 어린이들에게 솔직하게 표현하는 건 어려운 일이었다. 단지 교실의 이야기만이 아닐 것이다. 가정이 그러할 것이고 회사가 그러할 것이다. 존중은 상향식이나 하향식이 아니다. 양방향에서 수없이 당연토록 주고받아야 하는 게 존중이다. 누군가에게 만들어지는 권위는, 그토록 교실에서 되찾아야 한다고 말하는 권위는, 존중에서부터 당연하게 싹이 터야 하는 것이다.

교단으로 대표되는 교실의 턱은 무너진 것이 아

니라, 사라졌다. 그것은 선생 스스로 걷어낸 것이다. 대신, 우리는 교실에 사는 사람마다 조그만 턱을 세우기로 했다. 그것은 존중의 턱이었다. 어린이들이 교실 밖에 나가서도 눈에 보이지 않지만 모든 사람에게, 그것이 저보다 나이가 많은 사람이건 나이가 적은 사람이건, 어떤 위치나 차림, 성별의 사람이건, 존중의 턱이 있다는 것을 알아주기를 바라며.

구글
교실

언젠가 구글의 사무실 모습이 화제가 되었던 적이 있었다. 그동안 전통적인 형태의 정적인 사무실 구조에서 동적인 형태의 사무실 구조로 디자인된 사무실이었다. 구글이라는 기업이 요구하는 고도의 창의적 사고력을 극대화할 수 있는 사무실 디자인이었을 것이다. 공간이 주는 인상은 공간에 속한 이들에게 큰 영향을 미친다. 영감을 받는다고나 할까.

나 역시, 글을 쓸 때는 사람들이 오가는 번잡한 공간을 선호하지만, 학교 일을 돌볼 때는 고요한 공간을 선호한다. 숨통이 트이는 장면이 자주 필요한 때(글은 늘 제대로 안 써지기에)와 집중과 효율이 필요한 때(일은 늘 퇴근 시간에 쫓기기에)가 나뉘기 때문이다. 그렇다고 해서 글을 쓸 때 모든 이가 번잡한 공간을 선호하는 것은 아니다. 고요한 공간을 바라는 작가도 있을 터다. 학교 일을 돌볼 때도 음악과 커피가 흐르는 공간으로 꾸며놓고 나서야 비로소 일에 착수하는 선생도 더러 있다.

교실로 돌아와, 교실은 어떠한가. 구글의 사무실 모습이 화제가 되던 때와 비슷한 시점에 교실의 모습도 화제가 되었다. (물론, 구글과는 전혀 다른 면에서) 변한 것이 몇 없는 획일적 형태의 교실이 화제가 된 것이다. 1960년대와 2020년대의 교실 모습을 비교한 사진은 80년이라는 긴 세월이 무색하게, 흑백과 컬러 사진 차이 정도만 있을 뿐, 선생을 바라보며 나란히 놓인 네모난 책상과 커다란 칠판, 가에 놓인 수납장 등 공간적 요소에는 변화가 없다. 새로운 시대가 원하는 창의적, 융합적 인재를 기르기에는 무언가 불편한 전통(?)이었을 획일성이다. 네모난 학교에 들어서면 또 네모난 교실, 네모난 칠판과 네모난 책상들*이 있는, 있었던 창의력도 잠잠해질 것만 같은 두려움이 엄습하는 그런 곳이다.

사실, 80년이라는 긴 세월 동안 교실을 바꾸고자 했던 시도가 아예 없었던 것은 아니다. 90년대 후반 '열린교실'이라는 이름으로 실험적 공간 혁신 프로젝트가 있었다. '열린교실'은 말 그대로 열린 교실,

※ 그룹 W.H.I.T.E가 부른 「네모의 꿈」(1996) 가사를 빌려 적은 것입니다.

개방형 구조의 교실로 공간을 재구성하는 시도였다. 그렇게 전국 초등학교의 교실 벽은 철거되었다. 나 역시, 열린 교실의 수혜자(?)로서 교실 벽이 허물어졌던 그때를 기억하고 있다.

개중에서 가장 강렬했던 기억은 바로, 가장 끝에 위치한 교실에서 수업을 듣고 있던 내가 화장실을 가기 위해 숱한 교실을 지나던 기억이다. 벽이 허물어진 탓에 화장실에 가는 나의 발걸음은 고스란히 내가 지나는 교실마다 전해졌고, 수많은 눈동자를 마주해야 했다. 마치 느린 탁구공이 지나가듯 나의 움직임을 따라 천천히 움직이던 수많은 머리통들. 마치 발가벗겨진 듯한 그 순간을 잊지 못한다. (나의 민망함 때문이었을지도 모르는) 열린교실은 어쨌든 실패했다. 허물어졌던 곳에는 가벽이 다시 세워졌고 도로 폐쇄형 구조의 교실로 공간이 구성되었다. 그렇게 돌고 돌아, 다시 네모난 교실, 네모난 칠판과 네모난 책상들이 있는 교실로 돌아왔던 것이다.

2020년대에 들어서며, 다시 공간을 동적인 구조로 재조직하려는 '학교공간혁신 프로젝트'가 전국 곳곳에서 벌어지기 시작했다. 엄청난 예산을 투입해 교실을 사용하는 어린이들의 의견을 듣고 이를 반영해 새로운 공간을 창조해내는 것이 프로젝트의 골자였다. 프로젝트를 통해 탄생한 교실들의 사례를 보고 있노라면 정말 지금까지는 듣도 보도 못한 교실임에 분명했다.

한 번쯤은 저기에 가서 수업을 하거나 받고 싶다는 생각이 들 정도로. 동적 구조의 교실 디자인은 선생이나 어린이 혹은 수업의 성격에 따라 교실의 구조를 탈바꿈할 수 있도록 돕고, 어린이의 생각의 공간과 휴식의 공간을 확대했다. 정말, 없던 창의력도 솟아날 것만 같은 기대감이 터지는 그런 곳이다.

다시 돌아와, 과거 내가 앉아있었던 '열린교실'에도 당혹스러웠던 경험과 같이 좋지 않은 기억만 남아 있는 것은 아니다. 당시 선생님과 새롭게 시작했던 '러그미팅'은 아직도 내 기억 속에 소중하고 따뜻했던 시간으로 남아 있다. 지금의 공간 혁신처럼 책상에 바퀴를 달거나 네모난 책상의 모양을 새롭게 바꾸는 것과 같은 적극적인 시도를 하지 못했던 때에, 소극적 형태로 공간을 부수고 새로운 교육의 공간을 만들어 낸 것이 바로 '러그'였다.

책상과 의자에 앉는 대신 러그에 모여 앉아 선생과 어린이들이 함께 부대끼는 장소를 새로이 마련한 것이다. 그렇게 책상과 의자에서 내려와 러그에 둘러앉고 우리는 '미팅'을 했다. 미팅이란 건 대수롭지는 않았던 것 같은데, 오늘의 기분을 묻고 답하거나, 그림책을 읽거나, 손 유희 놀이 같은 간단한 활동을 하거나, 좀 더 가까이 모여 서로의 의견을 듣고 자유롭게 의견을 말하는 시간을 가지는 것이었다. 그게 참 좋았다. 공간 변화는 교실에 늘 흐르는 분위기를 바꾸는 묘한 힘이 있다. 우리 반 어린이들도 일단, "책상과 의자는 뒤로 밀어주세요."라고 말하면 한껏 들뜨더라.

선생님께서 "러그미팅 시간입니다."라고 말하면 괜히 으쓱했던 기분도 여전히 남아 있다. 영어여서 그랬나. 어쨌든 그 시간만큼은 당시엔 소극적이었던 나도 뭐든 이야기하기 편했고 정답이 아니어도 자유롭게 이야기할 수 있는 그런 분위기였다. 책상과 의자에 앉아 수업을 들을 때와는 다르게 뭐랄까, 오프 더 레코드 같은 느낌이랄까.

다시, 2020년대. 학교공간혁신 프로젝트는 과연 성공할 수 있을까? 아니, 다시. 과연 교실을 바꾼다는 목표의 '성공'이란 무엇일까. 다시 돌아가, 열린교실은 정말, '실패'한 것일까? 교실을 여닫는 것에 물리적 요소를 완전히 배제할 수는 없겠지만, 그보다 더 중요한 것은 교실에 어떤 것이 담기는 것인가에 달려 있다. 열린교실이든, 학교공간혁신 프로젝트든 교실이 어떤 식으로 바뀌든 간에 교실이 그러한 변화를 받아들이고 새롭게 교실을 설계할 수 있는지가 중요할 것이다. 호기롭게 벽은 허물었지만, 벽을 허문 이유를 선생도 어린이도 납득할 수 없었던 당시의 열린교실은 실패할 수밖에 없었다. 내가 벽이 허물어진 복도를 지나며 괴로워했던 것처럼. 내가 겪은 열린교실의 핵심은 결국, 러그미팅이다. 열린교실을 통해 부수고 싶었던 것은 교실을 폐쇄적으로 만드는 벽의 상징성에 대한 도전 의식도 있겠으나, 어린이들의 사고와 표현을 막고 있는 무언가였을 것이다.

실패했다고 평가 받는 열린교실 속, 러그미팅이라는 새로운 시도는 분명 어린이들의 사고와 표현의 벽을 무너뜨릴 중요한 공간의 탄생이었다. (그러니 사실, 교실 벽까지 무너뜨릴 필요는 없었…) 학교공간혁신 프로젝트의 성패도 결국엔 교실에 무엇을 담아낼 것인가에 달려 있을 것이다. 엄청난 예산을 투입해 교실을 새롭게 구성한다고 하더라도, 똑같은 네모의 교실 수업이 계속된다면 그것은 허울에 지나지 않는다. 교실 공간을 새롭게 바꾸기 전에, 선생과 어린이들은 새롭게 바꾸고자 하는 것이 무엇인지에 대한 이해가 필요하다. 그래야만 교실의 물리적 변화가 아닌 교실의 화학적 변화를 꾀할 수 있을 거다. 그래야만 바뀐 교실의 모습에 와! 탄성(歎聲)만 지를 게 아닌, 그에 맞춰 탄성(彈性)을 가진 존재로서 변화할 기대를 만날 수 있을 것이다.

우리 교실은 의사소통이 주된 화두다. 내겐 교실

을 뜯어고칠 만한 거창한 예산이 주어지지 않았지만 의사소통의 경험을 마련해주기 위해 교실을 새롭게 바꾼다. 고작 열몇 평 남짓한 공간을 더 비좁게 만드는 교실 벽의 수납장을 최소로 줄인다. 사물함도 가능하다면 복도로 내쫓는다. 교실 속에서 나눌 이야기의 성격에 따라 어린이들이 무리 짓고 이야기할 수 있는 공간을 최대한 확보하기 위함이다. 어린이들의 책상은 서너 개씩 모아 모둠을 짓는다. 그리고 웬만한 활동은 모두 모둠이라는 소모임을 거치도록 한다. 짧은 이야기든 긴 이야기든, 가벼운 주제든 무거운 주제든. 답이 정해진 물음이거나 그렇지 않거나 서너 명의 의사소통 과정을 거치고 각자의 생각을 정돈할 수 있는 기회를 부여한다.(그래서 우리 교실이 유독 시끄러운 것일지도) 열린교실, 학교공간혁신이라는 그럴듯한 이름이 붙어 있지는 않지만 분명 우리 교실은 새로운 방향을 담고 있다.

돌고 돌아와, 구글의 사무실. 모든 기업의 사무실이 구글의 사무실처럼 개방형 구조로 바뀌게 된다면 어떨까? 고객 영업이 중요한 기업이라면, 개인

과업이 중요시되는 기업이라면, 실험이나 실습이 중요한 과정 중 하나인 기업이라면? 모든 경우에 구글의 사무실이 올바른 선택지가 되지는 않을 것이다. 그러니 하물며, 교실을 새로이 디자인하는 방식에도 정답은 없다. 좋은 변화를 벤치마킹하는 것도 의미가 있겠지만, 나름의 학교 철학을 먼저 세우고 학교 철학에 맞춰 선생과 어린이가 공감하는 폭에서 교실 공간을 조금씩 바꾸어가는 형태면 어떨까. 지금처럼 애꿎은 도서관, 휴게실, 복도만 뜯어고치는 것으로는 보여주기식의 구글 사무실 따라잡기에 불과할 것이다. 우리는 어떤 교실을 꿈꾸는가? 그것에 대한 대답이, 우리만의 구글 교실이 될 것이다.

"오늘 보니 우리 반은 신기한 것 같다. 앉는 것도 그렇고 하는 것도 그렇고 어쨌든 신기하다."✤

✤ 『신규교사 생존기』(한그루, 2019)에 실었던 어린이의 글을 옮겨 적은 것입니다.

온실

영화 「마션」의 주인공 마크 와트니는 홀로 남게 된 화성에서 생존을 위해 온실을 짓는다. 식량을 생산하기 위한 수단이다. 여러 실패 끝에 온실이 지어지고, 척박한 환경 속에서도 온실은 제 기능을 해낸다. 그렇게 와트니는 화성이라는 외계 공간에서의 생존 가능성을 높인다. 그러나 그러한 희망도 잠시, 온실에서 귀하게 재배했던 감자들과 힘겹게 일군 밭은 사고로 인해 바깥 세상에 노출되며 일순간에 물거품이 된다. (그리고 내뱉은 "씨발, 씨발!"은 정말이지 참담한 대사였…) 와트니의 좌절도 좌절이겠으나 범생명론적 차원(?)에서 들여다본다면, 일순간 죽음을 맞이한 감자들에게도 이건 뭐, 날벼락도 이런 날벼락이 없었을 거다. 평생을 따뜻한 공간에서 귀하디 귀하게 자랐던 감자들이 맞이한 바깥 세상은 이제껏 본 적도 들은 적도 배운 적도 없을 차디찬 세상이었다.

온실이란 기후나 날씨, 계절, 재해 따위에 지배받지 않는 공간이다. 요구에 따라 더디 키울 수도 있고, 빠르게 키울 수도 있다. 온실 안에서 식물은 쉽게 자란다. 요새는 비닐하우스 같은 온실과 동시에, 스마트 팜이라는 새로운 형태의 온실도 등장하고 있단다. 어쨌든 이렇게 쉽게 자라 밥상에 올라온 채소는 참기름으로 코팅이라도 한 듯 반들거린다. 마치 음식 모형과도 같이.

교실은 온실과도 같다. 교실은 잘 짜인 작은 사회다. (왜, 학교는 사회의 축소판이라는 말도 있지 않은가.) 여러 요구에 따라 더디 키울 수도 있고, 빠르게 키울 수도 있다. 교실 안의 어린이는 쉽게 자란다. 온실 속 식물처럼 기후나 날씨, 계절, 재해 따위의 물리적, 자연적 환경으로부터 완전히 안전한 건 아니지만 정치적 문제, 시대적 문제, 세대·성별·종교 간 갈등 등의 사회적 환경으로부터는 꽤 안전한 편이다. 이렇게 자란 어린이는 반짝거린다. 이른바 온실 속의 화초가 되는 셈이다.

교실 안의 어린이는 가치를 명제로 배운다. 책임, 존중, 협동, 공감, 배려, 정직 등의 가치를 꽤 분명하게 배운다. 여러 가치를 교실 안에서 배우는 것은 그리 어려운 일이 아니다. 어린이들은 대부분 그러한 가치를 지향하기 때문이다. 교실에서는 가치가 충돌하는 4차원의 다면적, 다층적인 상황보다는 가치 단어 자체에 대한 해석과 해례와 같은 2차원적인 단편적 상황에서의 가치를 기본으로 가르친다. 반짝거리는 가치, 그 자체를 배우는 거다. 그러니 그 가치는 사실, 모형처럼 이질적으로 다가온다. 가령 이런 식이다. 상대의 진심 어린 사과에는 용서로 답하라고 반짝반짝 가르치지만, 세상의 용서가 어디 그리 쉬운가. 상대의 잘못된 말이나 행동에 용서를 베푸는 건, 상대의 사과만으로 충분하지 않을 때가 많다. 어떤 것으로도 용서되지 않을 장면도 더러 있다.

이렇듯 교실에서 가르친 것들은 교실 밖 복잡한 세상과 긴밀하게 연결되지 못하는 경우가 생기기 마련이다. 알다시피 사회는 다르다. 그러니까 사회는 교실과 다르다. "사회는 달라! 이 녀석아."라고 일갈하는 게 이제 막 교실을 벗어난 사회 초년생들을 향한 조언(?)인 경우가 대부분인 것처럼. 교실에서 배웠던 것처럼 낭만적이지는 않달까. 사회적 환경으로부터 안전하게 짜인 교실에서 마냥 살 수 없는 어린이들이 마주해야 할 현실이 그렇지 않은 것이다. 영화 「마션」 속 와트니가 귀하게 키워냈던 감자들이 일순간 날벼락 같은 죽음을 맞이했던 것처럼 어린이들에게도 교실 바깥 세상은 이제껏 본 적도 들은 적도 배운 적도 없는 차디찬 세상이다.

그날은 상추 겉절이가 급식 메뉴로 나온 날이었다. 어린이들이 교실에서 바삐 길러 수확한 상추를 급식실로 보낸 날이었고, 어린이들이 수확한 상추로 상추 겉절이가 만들어져 배식이 되는 뜻깊은 날이었다. 어린이들은 점심시간을 기다리며 꽤 들뜬 모양이었다. 우리 학년은 전체 학년 중에서 가장 늦게 점심을 먹는 학년이었다. 협소한 급식실 탓에 3부제로 운영되는 급식의 마지막, 3부에 먹는 학년인 것이다. 그러니까 우리 배식이 끝나고 나면 급식실도 마무리 짓는 때가 된다. 상추 겉절이를 배식받으며, 어린이들은 자기가 수확한 상추 같다며 사방팔방에 자랑을 늘어놓았다. 평소엔 초록색엔 젓가락을 얼씬도 하지 않던 어린이들은 여러 번이나 상추 겉절이를 리필 받기 위해 배식대로 향했다. 하지만 배식대에는 급식실 마무리로 일손이 빠져 있는 상태라 비어 있기가 일쑤였고 추가 배식을 위해선 정리하던 일을 멈추고 배식대로 가야 했기에, 배식대를 자꾸 찾아오는 어린이들이 탐탁지 않은 눈치였다. 어린이는 상추 겉절이를 세 번째 받으러 가고 있었다. 급식실 선생님께서는 또 배식대를 찾아온 어린이를 바라보며, 씻고 있던 식기를 신경질적으로 싱크대에 던지고는 배식대로 뚜벅뚜벅 걸어와 어린이에게 날카로운 말을 꽂았다. "너 때문에 일을 못하겠다, 일을."

교실이라는 온실 속에서 존중을 주고받으며 자라는 어린이들이 겪을 사회는 너무 다르다. 당장 교실을 조금만 벗어나더라도 이렇게 겪을 수 있는 것이다. 방금까지도 존중의 가치를 배우던 어린이는 존중이 무너진 차디찬 시간과 공간에서 순식간에 시들었다. 그것이 교실이라는 온실의 한계였다. 존중에 대해 가르친다 한들, 어린이들이 겪을, 아니 어쩌면 이미 겪고 있는 사회의 곳곳에는 존중이 무너져 있었다. 어린이는 나와의 대화에서 눈물을 보였다. 나는 왠지 모르게 그 선생님을 대변하고 변명하고 있었지만, 도무지 갈피를 잡을 수가 없었다. 교실이라는 온실 속에서 어린이라는 화초를 기르는 일이 어떤 의미인지 도통 알 수가 없었다.

한편, 교실 밖의 사람들은 교실을 정말, 모든 것을 가르칠 수 있는 공간으로 인식한다. 그래서 그런지 세대가 만들고 있는 잘못의 원인을 교실에서 찾고 교실에서부터 뜯어 해결하고자 한다. 예컨대 암호화폐 광풍이 불었던 시기, 묻지마 투자가 벌어지던 때에는 경제 교육을 제대로 시키지 않는 교실로 화살이 날아들었다. 가짜 뉴스 문제를 미디어 리터러시 교육이 제대로 되지 않아서 벌어진 문제라고 말한다. 젊은 세대의 도박 중독, 약물 오남용 문제를 교실에서 안전하게 가르치지 않은 탓으로 돌린다. 세월호 사고가 터졌을 때도, 교실은 수많은 안전 교육과 수영 교육을 하달받았다. 2024년 하반기를 들쑤신 딥페이크 성범죄 역시, 공문이 내려왔다.

그러나 교실은 이 모든 사회 문제를 적절하게 다룰 만한 적당한 공간이 아니다. 교실은 다면적 상황을 다루기엔 너무나 안전한 공간이기 때문이다. 그럼에도 교실은 사회 문제의 주된 원인으로 쉽게 지목된다. 정작 교실 밖의 사회에서 문제를 살피고 반성하고 고치는 것에는 소홀하면서, 애먼 교실을 탓한다. 하물며 활시위는 어린이들 한 명, 한 명을 향해 있다. 누구도 어른답게 책임지려 하지 않고, 어린이들을 탓한다. 도박, 약물 문제의 원인을 어린이 개개인에게서 찾는다. 거절하지 못한 것, 호기심을 가진 것, 중독을 이겨내지 못한 것을 탓한다. 지난 세월호 사고를 통해 어린이들이 배운 것 또한, 생존 수영, 비상시 안전 요령 등 안전은 개인의 책임이라는 경고 메시지였다. 지금까지 교실에서 배웠던 '함께의 책임'이라는 가치와는 다르게.

교실은 2차원의 가치를 가르친다. 당연하게 말하고, 당연하게 들으며, 당연하게 생각한다. 2차원의 당연한 가치들을 모으고 재구성하고 해석하여 당연하지 않을, 나름의 판단을 내리는 것은 어린이들의 경험에서 만들어진다. 그리고 그 경험은 교실 밖에서 쌓이게 될 것이다. 교실은 온실이다. 교실 안에서는 공동체가 모든 가치를 함께 추구하고 지켜나갈 거라고 굳게 믿고 가르치며 배운다. 교실은 사회가 팍팍하다고 겁주지 않는다. 사회가 두려운 곳이라고 가르치지 않는다. 사회에서는 누구든 의심하며 지내야 한다고 알려주지 않는다. 교실에서 배운 앎이 어린이들의 현재, 미래의 삶과 연결되기 위해서는 교실 밖 사회라는 진짜 교실의 올바른 성장이 필요하다.

그러니 아이러니하게도, 교실은 모든 것을 가르칠 수 있는 공간임과 동시에, 어쩌면 어떤 것도 가르칠 수 없는 공간이다. 그럼에도 불구하고, 교실은 꿋꿋이 가르치며 어린이들의 바탕을 만들고자 애쓴다. 온실 밖의 날씨가 언제 온실을 나가도 살기 좋게 맑아지기를 기대하면서.

더하기

식당 예절 역할극 대본 중에서

직원　　(밝은 표정으로) 어서 오세요!
　　　　여기는 친절한 식당입니다!
아빠　　(손짓을 하며) 야, 메뉴판 하나 가져와.
직원　　(당황한 표정으로) 네?
아빠　　메뉴판!
직원　　(머리를 긁적이며) 네, 잠시만 기다리세요.
아이　　아빠! 그렇게 말씀하시면 어떻게 해요?
아빠　　왜? 나보다 어린 것 같은데.
아이　　(고개를 저으며) 나이에 상관없이 상대를
　　　　존중하는 표현을 쓰셔야지요.
아빠　　(머리를 긁적이며) 그런가?
직원　　(메뉴판을 내밀며) 여기 메뉴판입니다.
아빠　　(부드러운 말투로) 아까는 죄송했습니다.
직원　　괜찮습니다.
　　　　(식당 직원, 아빠, 아이 모두 함께 웃는다.)

고깃집에서 아빠의 무례한 모습을 보았던 경험으로
만들었다던 어린이의 역할극 대본은 절반은 진짜고,
남은 절반은 가짜라고 했다.
다음엔 자기가 꼭 아빠를 혼내줄 거라면서.
직원에게 꼭 사과하도록 할 거라고 하면서.
나도 꼭 그러길 바랐다. 앎과 삶이 맞닿기를.

> 교실 신조어

선발테스트

"너희 지금 나 선발테스트하니? 적당히들 해라…."

선생님마다 발화점(불같이 화를 내는 포인트)은 조금씩 다르다. 그러니 선생님마다의 발화점을 확인하는 건 3월 선생님을 처음 만난 어린이들에게 너무나도 중요한 일. 3월이면 어김없이 찾아오는 **선생님 발화점 테스트**! 우리 선생님은 어디서부터 화를 내실까? 주의할 점은 그러다가 발화점을 넘나드는 경우가 허다하다는 것. 선을 넘을락 말락 아슬아슬 진행되는, 선발테스트!

유튜버이자 배우인 문상훈은 2025년을 맞이하여 MZ식 신조어를 내놓았다.(빠더너스 BDNS, 2025) 실제로 유행할지는 지켜봐야 하겠으나, 어느 하나 억지스럽지 않고 그럴싸한 게 재밌다. 문상훈과 이름도 같은 마당에, 나라고 못할 게 뭔가. 교실판 MZ식 신조어! (웃어넘겨 주세요. ^^)

> 교실 신조어

선신령

"우리 반에는 선신령이 많아서 든든하다니까요?"

선생님이 없을 때 어린이들은 몰래몰래, 선생님과의 굳은 약속을 어기기도 한다. 그래도 꼭 하나둘쯤 선생님이 없더라도 선생님을 지켜주는 **선신령**이 있으니 걱정 마시라. 선생님을 지켜내고 친구들에게 선생님과의 약속도 상기시켜주는 신령들이다. 선신령들은 크게 제보형 선신령과 잔소리형 선신령으로 나뉜다. 제보형 선신령은 선생님에게 사건을 고하는 쪽으로 문제를 해결하고, 잔소리형 선신령은 친구들을 직접 꾸짖는 쪽으로 문제를 해결한다.

> 교실 신조어

쉬시간, 쉿시간

"쉿시간 줄게요. 큰 소리로 떠들면 쉬시간으로 바뀌는 수가 있어요."

수업을 하다 보면 정해진 수업 시간을 넘기는 경우가 있다. 그럼, 미안하지만 어쩔 수 없이 귀한 쉬는 시간을 빼앗게 된다. 10분의 쉬는 시간이 겨우, **쉬**를 눌 수 있는 **시간** 정도가 되는 셈이다. 반대로, 수업을 하다 보면 정해진 수업 시간을 살짝 채우지 못하고 끝나는 경우도 있다. 그럼, 쉬는 시간이 그만큼 길어지는 거다. 다만, 다른 반은 수업 중일 테니 공식적인 쉬는 시간이 되기 전까지는 **쉿**, 조용히 쉬어야 하는 **시간**이다. 아이들은 당연히 쉬시간보다는 쉿시간을 더 좋아한다.(선생님도 그렇다.) 그래도 수업 시간을 잘 지키는 게 우선!

(교실 신조어)

눈치공

"아, 선생님! 저 형이 공 뺏어가요. 분명 눈치공인데…."

운동장에 보면, 주인을 알 수 없는 바람 빠진 공들이 꼭 하나둘 굴러다닌다. 몇 날 며칠을 운동장에서 쓸쓸하게 굴러다녔는지 몰골이 말이 아니지만, 어린이들에게 공이란 건 생김새야 어쨌든 좋은 놀잇감이다. 다만, 주인이 없으니 **눈치**껏 **공**을 먼저 가져가는 사람이 그 시간 눈치공의 임자! 그러다가 눈치공의 주인이 갑자기 등장하는 경우도 있는데, 그때는 미련 없이 보내줘야 한다. 그 순간 눈치공이 아닌 셈이니까.

> 교실 신조어

선말끝끼(선말끝질)

"야, 야. 선말끝질 몰라? 손 이따가 들어."

선생님이 설명하는 동안에도 어린이들이 하고 싶은 말은 끊이질 않는다. 그래서 어린이들은 불쑥불쑥 선생님이 설명하는 동안에 끼어들기도 하는데, 그럼 선생님은 "**선**생님 **말 끝**날 때까지 **끼**어들지 마세요."라고 바득바득 말한다. 비슷한 말로는 "**선**생님 **말 끝**나면 **질**문하세요."가 있을 수 있겠다. 선생님 말을 끝까지 듣기만 한다면, 어린이들의 질문이나 궁금증은 대개 해소되는 편이다.

(교실 신조어)

체육비용

"체육비용치곤 너무 과한 거 아냐? 주말 일기 빼는 걸로 합의하자. 응?"

어린이들에게 체육은 정말 소중한 시간이다. 절대 빼앗기면 안 되는 시간. 하지만 교육과정 운영이라는 게 뭐, 그럴 수가 있나. 가끔은 행사로, 대피 훈련으로, 기상 악화로 없어지고 대체되는 게 체육 시간이다. 어린이들은 체육 시간이 사라진 게 선생님 잘못이 아닌데도, 매우 억울해 하며 선생님을 원망한다. 그래서 꼭 선생님에게 그 비용을 청구한다. 자유 시간을 달라든지, 체육을 다음 주에라도 한 번 더 하게 해주라든지, 숙제를 면해달라든지. 이른바 **체육비용**이다. 사실, 비용이 보전되는 경우는 거의 없지만.

(교실 신조어)

액체형 인간, 고체형 인간

"액체형 인간들.. 너희는 땀 식힐 시간까지 계산하고 놀아!"

어린이들 중에는 **액체형 인간**이 있다. 사계절 상관없이 어디서 뛰어노는지 늘 땀을 뻘뻘 흘리며 다니는 어린이들. 차가운 유리잔에 물방울이 맺히듯이 늘 그들의 몸 곳곳에는 땀이 흐른다. 반대로 **고체형 인간**도 있는데 고체형 특성을 가진 어린이들은 친구들이 쉬는 시간, 점심시간에 아무리 시끄럽게 뛰어놀고 방방거려도 개의치 않고 가만히 책을 읽거나 그림을 그리는 등 책걸상에서 위치 변화도 없이 딱 붙어 있는 게 특징이다.

(교실 신조어)

유기문구

"또 유기문구야? 다들 자기 물건에 이름 좀 써!"

교실에서는 분실물이 많이 발생한다. 특히 지우개, 연필 등등의 문구류가 그러한데, 분실물함을 두면 한 달 사이에 가득 차곤 한다. 대개는 알아서 주인을 찾아가지만, 이렇다 할 주인 없이 분실물함에 고이 놓인 문구류들도 있다. 어린이들에게 주인이 누구냐고 물어도 문구의 주인은 도통 특정되지 않는다. 분명 우리 반에서 나온 분실물인데, 주인은 없는 **유기문구**들이다. 사실, 문구류들뿐만 아니라, 티셔츠, 우산, 모자, 심지어는 패딩이나 핸드폰까지 유기되는 물건들의 종류는 도무지 이해가 되지 않을 정도로 다양하다.

> 교실 신조어

곱식시간, 순식시간

"와, 오늘 완전 곱식시간인데? 마라탕이 나온다니!"

급식시간은 어린이들에게 정말 중요한, 맛있는 시간이다. 매번 급식 메뉴를 확인하는 당번이 따로 마련된 교실이 있을 정도로. **곱식시간**은 오늘의 급식 메뉴가 너무너무 맛있어서 곱빼기로 먹는 급식시간을 말한다. 한편, 급식시간은 어린이들에게 정말 중요한, 즐거운 시간이기도 하다. 급식을 다 먹으면 대개 3~40분 정도 길게 쉬는 시간(점심시간)을 갖기 때문이다. 어린이들은 삼삼오오 모여 축구도 하고, 술래잡기도 하고, 수다도 떨고 그런다. 그러니 급식을 빨리 먹어야 한다. 그래야 그만큼 쉬는 시간이 늘어나니까. **순식시간**은 그 시간을 최대한 많이 늘리기 위해 순식간에 먹어치우는 급식시간을 말한다.

（교실 신조어）

선생형 AI

"선생형 AI는 매번 정답만 얘기하잖아. 하지 말라고 그러실걸?"

어린이들은 선생님이라면 뭐든 알고, 만들 수 있거나 혹은 할 수 있을 거라고 생각하는 경향이 있다. 그 모든 믿음에 그럴듯하게 답하고 싶지만, 선생님은 그런 존재가 아닌걸. 하지만 아이들은 꿋꿋이 선생님께 묻고 요구한다. 선생님, 리코더로 아이돌 노래 불러주세요. 선생님, 3단 뛰기 할 수 있어요? 선생님, 타조는 어떻게 그리나요. **선생형 AI**가 아니라 딱히 답할 말이 없네. 미안. 게다가 선생형 AI는 어린이들의 요구에 어긋나는 대답도 많이 한다. 오늘 수학 시간 빼 주시면 안 돼요? (되겠니?)

기분 좋은
균형감

교실엔 나이만 같은 어린이들이 모여 있다. 정말 나이를 제외하고는 캐릭터가 다 다른 어린이들이다. 좋아하는 것도 다르고 싫어하는 것도 다르다. 생활 환경도 다르고 성장 배경도 다르다. 대화하는 방식도 다르며, 생각을 조직하는 방식도 다르다. 그러나 교실은 어쩔 수 없이 어린이들의 다양한 의견을 그러모아 하나로 결정해야 하는 까다로운 때가 많다. 예를 들어, 현장학습을 가는 버스에서는 어떻게 짝을 지어 가면 좋을지, 급식은 어떤 순서로 먹으면 좋을지, 애써 얻은 자유 시간에 무얼 할지 따위의 문제다. 어린이들은 이렇게 하자, 저렇게 하자 의견들이 많지만 딱 잘라 정하기란 참 어렵다. 의견들이 모두, '적당히' '타당한' 이유를 내세우기 때문이다. 확 끌리는 의견도 없을뿐더러, 이건 영 아니다 싶은 의견도 없다.

그렇지만 하나의 결정으로 매듭은 지어야 한다. 그럼 교실에서는 가장 편리하면서도 빠르게 결정할 수 있을 것으로 예상되는 방법을 사용하게 된다. 바로 '독재자'의 등장이다. 가타부타 논하지 않고 한 명의 독재자가 딱 잘라 정하는 거다. 그만큼 반작용은 크다. 논할 시간도 주질 않으니 불만이 쌓일 수밖에 없다. 그래서 보통, 교실에서 독재자라는 역할은 선생이 맡게 된다. 선생은 불만을 받더라도 큰 데미지 없이 응대할 수 있기 때문이다. 선생이 이렇게 하겠다, 저렇게 하겠다, 공언하면 어린이들은 대체로 의문을 갖지 않는다. (아니, 어쩌면 '드러내지 않는다'가 적절할 수 있겠다.) 어린이들은 선생에게서 하달된 명령을 곧잘 받아들인다. 마치 늘 그래왔던 것처럼 하향식 시스템을 받아들이고 적응해가는 것이다. 이 방법은 말 그대로, 선생 하나만 욕먹으면 끝나는(?) 가장 간편한 방법이다.

하지만 '교실에 불어닥친 민주화의 바람✤'을 고려했을 때 하향식으로 짜여진 수직 구조의 교실은 다소 시의적절하지 않다. 그렇다면 차선책을 떠올리

✤ 「교실의 턱」에 나온 표현을 옮겨 적은 것입니다.

게 된다. 편리하지도 않고 효율도 떨어지지만, 바로 민주주의 꽃이라 불리는 '투표'다. 투표의 방법을 택하면, 어떤 하나의 주제에 대해 이렇게 하자, 저렇게 하자 의견들을 받아놓고선 다수의 선호를 확인해 결정한다. 이는 앞선 독재자의 등장보다 훨씬 어린이 친화적이기에 불만의 불씨를 사그라뜨릴 수 있다는 상대적 장점이 있다. 동시에, 선생의 의견도 하나의 의견으로 표결에 부쳐 어린이들의 지지에 따라서는 채택될 수도 있다. 그러니 선생에게도 본인의 판단대로 교실을 이끌 기회가 완전히 박탈되는 건 아닌 셈이다. 자신의 의견이 채택되지 않았을 때에는 불만을 제기할 수도 있겠지만, 어쩌겠는가. 우리 반 어린이들의 표심이 그쪽으로 향하지 않은 것을. 개표 결과라는 확실한 근거 자료가 증빙될 것이다.

그러나 교실에서 투표를 해보면, 예상하지 못한 상황이 벌어지곤 한다. 첫째는, 포퓰리즘. 역시나 노는 게 제일 좋은 어린이들은, 귀찮은 건 딱 질색이다. 그러니 표심은 '즐거움'이나 '편함' 따위로 향한다. 때문에, 투표를 위해 모이는 의견들은 대체로 즐거움이나 편함에 입각한 의견들이 많다. 자신의 의견이 채택되려면 대중의 관심과 요구를 읽어내 고스란히 의견에 녹여내는 것이 필요했을 테니까. 따분하거나 도덕책에 나올 법한, 모범의 의견은 외면받기 십상이다. 하지만 그러다 보면 문제를 해결하기 위한 의견이 산으로 가는 경우가 더러 있다. 예를 들어, 현장학습을 가는 버스에서는 어떻게 짝을 지어 가면 좋을지 묻는 것에 대한 대답으로 "그냥 친한 친구랑 짝을 지어 앉는다."라는 의견을 내는 식이다. 어린이들은 저, '친한', '친구랑', '앉는다.'는 당장 솔깃한 의견이 만들 이후의 눈물, 콧물 폭풍을 고려하지 않는다. 다만, 어린이들은 '오, 그거 좋은데?'라고 생각하거나, 이미 짝을 지어 눈을 맞추며 둘이 앉자고 신호를 보내고 있다. 그러면 선생은 투표를 시켜놓고도 전전긍긍, 저 의견이 표결에서 떨어지기만을 바라며 앓고 있다.

둘째는, 밴드왜건 효과. 어린이들은 성향이 각기 달라서, 적극적으로 의견을 내는 어린이가 있는 반

면에 잠자코 의견을 듣기만 하는 어린이도 있다. 회색의 어린이다. 한편, 투표는 대개 회색의 어린이들을 통해 결정된다. 교실의 대다수를 차지하는 회색의 어린이들 표심이 어디를 향하는가에 따라 절대다수가 결정되기 때문이다. 문제는 이들이 눈치를 본다는 것이다. 비밀 투표 대신 거수 투표라도 하게 되면 회색의 어린이들은 미어캣이 된다. 본능적으로 다수가 되기 위함이다. 자신과 친한 친구, 혹은 목소리가 큰 친구가 어디를 지지하고 있는지를 재빨리 살피는 것이다. 그럼 회색의 어린이들은 밴드왜건이 되어 순식간에 어느 한쪽으로 쏠려버린다. 예를 들어, 급식은 어떤 순서로 먹을지 묻는 것에 목소리가 큼지막한 한 친구가 "당연히 선착순 아냐?"라고 말하면, 주변의 몇몇이 고개를 끄덕이고 미어캣이 되었던 어린이들이 휩쓸리는 형국이 되는 것이다. 선착순이 꼭 좋은 방법은 아니라고 생각하면서도. 선생은 이런 줄줄이 사탕 효과를 막기 위해 눈을 감은 채 거수 투표를 시키거나, 번거롭더라도 비밀 투표를 하는 방법을 택하기도 한다. 하지만 이미 주제가 만들어지자마자 한두 명 친구들의 강한 의견을 중심으로 결집된 무리를 깨뜨리는 건 어렵다.

셋째는, 젠더갈등. 사실, 투표로 교실의 어린이들을 절반으로 가르기 가장 쉬운 방법은 남과 여로 나누는 것이다. 그래서 어느 투표의 경우에는 젠더갈등으로 변질되기도 한다. 예를 들어, 교실 자유 시간에 다 같이 무얼 할지 결정하는 때 축구와 피구로 나뉘는 경우다. 그럼 투표가 무색하게도 대체로 남자는 축구, 여자는 피구로 나뉜다. 그마저도 성비가 같다면 50대 50 싸움이겠으나, 한쪽이 몇 명 더 많으면 다수결 원칙의 투표에서는 필패다. (우리 반이 딱 그렇다. 14대 10으로 여자 어린이가 우세다.) 선생은 이런 골치 아픈 상황을 타개해보고자 성별로 팀을 나누어 교실 반쪽짜리 활동을 시키든가, 모두가 좋아할 만한 두루뭉술한 것으로 의견을 내달라고 조건을 걸어보지만 그것 또한 완전한 해결책이 되지는 못한다.

사실 이러한 '예상하지 못한' 상황들은 충분히 예상 가능하다. 우리 사회의 정치와 투표도 마찬가지 부침을 겪고 있기 때문이다. 수가 훨씬 적은 교실이지만 그러한 흐름은 크게 다르지 않다. 그러니 독재자든 투표든, 교실의 균형은 무너질 수밖에 없다. 하지만 교실에서 어린이들은 배워야 한다. 그럼에도 불구하고, 정의롭게 결정하는 과정을 말이다.

  스포츠데이를 앞둔 날이었다. (스포츠데이라고 하니, 낯설게 느껴지는 이들이 있겠으나 운동회라 생각하면 편하다.) 스포츠데이를 앞두고 팀의 결속을 위해 반을 대표할 티셔츠를 맞춰 입기로 했다. 그러니 당연히 반 티셔츠 색상을 골라야 했다. 티셔츠 색은 하나만 골라야 했고 각자가 좋아하는 색이 다른 우리의 의견을 모아 하나로 정해야 했다. 우리 교실은 나의 강권에 의한 보라색(내가 제일 좋아하는 색이다.)으로 정하는 대신, 몇 친구들의 목소리 큰 의견에 휩쓸려 무채색(어린이들은 대개 검은색, 흰색을 선호한다.)으로 정하는 대신, 동그라미로 모여 앉아 이야기를 나누기 시작했다. 반 티셔츠 색상을 무엇으로 하고 싶은지 말하고, 그 이유를 대는 것이다. 예상한 대로, 어린이들은 시답잖은 이유를 붙여가며 검은색과 흰색을 추천했다. 나 또한 시답잖은 이유로 보라색을 추천했다. 그렇게 동그란 시계 방향으로 의견을 내던 때, 한 어린이가 불쑥 노란색을 추천했다.

"저는 노란색을 추천합니다. 왜냐하면 우리 반은 신호등 색깔 중에서 노란색을 많이 닮았기 때문입니다. 늘 싸우는 빨간색도 아니고, 늘 좋기만 한 초록색도 아닙니다. 노란색을 제일 많이 닮았어요. 적당히 놀고 다투는 노란색의 우리 반이 좋아요."

그렇게 모두가 의견을 하나씩 냈다. 그리고 잠시 생각한 뒤 친구들이 추천한 색 중에 하나를 골라 택하고 택한 이유를 말해달라는 질문으로 다시 동그라미를 돌았다. 가장 많은 지지를 받은 색은 노란색이었다. 기분 좋은 균형감을 모두가 느낀 순간이었다. 그냥 선생인 내가 독단으로 처리했다면, 다수결의 원칙으로 싱겁게 결론지었다면 나올 수 없는 제3의 결말이었다. 하물며 반 티셔츠의 색상이 노란색으로 결정되지 않는 결말이라 할지라도, 결과는 다르게 받아들여졌을 것이다.

이날, 동그라미에 앉아 어쩌면 반 티셔츠 색으로

는 추호도 생각해본 적 없었을 노란색이 선택되는 과정이 어린이들에게는 어떤 의미였을까. 또 앞으로의 어린이들 삶에 어떤 의미로 남을까. 교실은 어린이들과 과정을 말하고 과정을 배운다. 단단한 과정이 단단한 결과를 만든다는 것을 배운다. 어린이들은 결과를 세워가는 과정이 주는 기분 좋은 균형감을 느꼈을 것이다. 세상은 결과를 여전히 더 밝게 조명하겠지만, 교실은 오늘도 새롭게 말한다.

"노란색 티셔츠를 입고 운동장에 모여 있으니 삐약삐약 병아리 같았다. 내가 추천한 색으로 모여 있는 게 신기하고 좋았다. 친구는 티셔츠가 노란색이라 자꾸 벌레가 꼬인다면서 투덜대기도 했다. 좀 미안했다. 다음엔 다른 색을 추천해야겠다."✠

✠   어린이의 소감문 중 일부를 다듬어 적은 것입니다.

가장
결정적이면서도
적당하고
안전한 싸움판

교실의 하루를 채우는 건 어린이들의 웃음도 있겠으나, 어린이들의 싸움 또한 상당한 부분을 차지한다. 어린이들은 날마다 싸운다. 몸싸움, 말싸움, 감정싸움, 기싸움. 싸움의 형태는 싸움의 양상이나 대상에 따라서 다양하지만, 어린이들은 어쨌든 날마다 싸운다. 그러니까 교실은 싸움판(?)이다. 실은, 어른도 늘 싸운다. 다들 치열하게 싸워본 적이 있지 않은가. 나도 집에서 싸우고,(부부싸움) 교실에서 싸우고,(기싸움) 회식 자리에서 싸우고,(말싸움) 심지어 주식시장에서도 치열하게 싸운다.(개싸움?) 어린이의 싸움이 천진난만하다면, 어른의 싸움은 노련한 것이 차이랄까. 여하튼 우리는 그렇게 평생을 몸소 싸운다.

그러니 어쩔 수 없다. 교실은 하다못해 싸움도 가르쳐야 한다. 어른들의 싸움에는 적당한 심판을 싸움마다 세우기가 어렵지만, 교실은 그렇지 않다. 교실에는 선생이라는 심판이 상주한다. 선생은 고자질이나 제보를 받고 당사자들을 불러들여 적당한 중재를 한다. 심판이 교실에 상주하는 만큼, 날마다 쌓이는 과중한(?) 업무량이 문제긴 하지만. 게다가 심판은 싸움의 중재는 물론, 또한 가르쳐야 한다. 그건 심판이기 전에 선생이기 때문에 그렇다. 어린이들은 앞으로 평생 싸울 것이다. 그러니 다음의 싸움을 위해 가르쳐야 한다.

한편, 교실은 어른 같은 노련한 싸움꾼을 반기지 않는다. 어른의 싸움에서 발견할 수 있는 노련함이라는 게 결국 그만큼 싸움을 감추는 방법들이라 그렇다. 노련함은 듣지 않고, 말하지 않고, 믿지 않고 간단하게 잘라내는 방식이다. 뒤엉킨 실타래를 푸는 가장 간단한 방법이 가위로 동강 내는 것인 것처럼. 우리는 그렇게 싸움에 노련해지는 것이다. 어린이들은 교실에서 노련하게 싸우지 않는다. 아직 싸워본 적이 많지 않아서 그렇다. 싸워본 적이 많이 없으니, 싸우고 나서 마음이나 몸을 다쳤던 기억도, 배신감을 느꼈던 기억도, 절교를 했던 기억도 많지 않아서 그렇다. 싸움 상대를 여전히 믿기에 그렇다. 천진한 어린이들의 제대로 된 싸움을 위한 교실 싸움판은 노련한 노하우를 전수하는 대신, 듣게 하고, 말하게 하고, 생각하게 한다. 싸움의 결론이 순환의 구조를 따르도록 가르친다. 교실은 제대로 된 싸움을 겪기에 가장 결정적이면서도 적당하고 안전한 싸움판이며 어린이는 참 좋은 싸움 상대다.

식히기

싸우고 나면 가장 먼저 귀가 먼다. 커다란 감정이 불타고 있고 불타는 감정은 주변 감정들을 손쉽게 잡아먹으며 몸집을 키우기 때문이다. 그래서 듣기가 어렵다. 감정을 소화하는 것만으로도 이미 어려운 거다. 상대의 말이 들리지 않고 심지어 자신이 당장 하는 말도 들리지 않는다. 이때 필요한 싸움의 기술은 시간을 취하는 것이다. 감정을 다스릴 시간. 추스르는 건 상당한 에너지가 필요한 일이다. 하지만 듣기 위해서는 자꾸 몸집이 불어가는 감정을 우선 다스려야 한다. 어린이들은 의도적으로 멈춘다. 부자연스럽지만 잘 싸우려면 멈춰야 한다는 걸 알아야만 한다. 어린이들이 싸웠을 땐 그래서 멈추도록 한다. 강제로 닫힌 입에는 말들이 터질 듯 모여

들 것이다. 그때도 꾹 참고 말이 새 나가지 않도록 해야 한다. 울고 있다면 찬물로 얼굴을 씻고 오게 하는 것도 좋다. 얼굴을 식히는 것에도 의미가 있지만 잠시 밖에 나갔다 오는 걸 도움으로 삼는 편이다.

교실이 차가워졌다면, 그제야 묻는다. "무슨 일이 있었어?"

(듣기)

그럼 듣는다. 한 사람이 말할 때는 끼어들지 않는 쪽이 좋다. 정보의 공백이 생기거나 해석의 차이가 벌어지면 벌어지는 대로 그냥 내버려 둔다. 가만히 듣기만 하는 쪽은 정말이지 죽을 맛이다. 사실과 다르다고 생각할 테니까. 그렇지만 들어야 한다. 한참을 그렇게 무슨 일인지 말하도록 돕는다. 타임라인은 뒤엉켜 있는 경우가 많고 기억이 왜곡되거나 멋대로 해석하는 경우가 많다. 싸움이라는 게 그런 거다. 선생은 뒤엉킨 말들이 차근차근 질서를 찾을 수 있게 돕는다. 충분히 듣고 나면, 다른 어린이의 이 야기를 듣는다. 어린이는 한참을 말한다. 뒤에 말하는 어린이는 좀 더 기분의 인토네이션이 들쭉날쭉 할 수 있다. 그래도 잠자코 듣는다. 사실 하나를 두고 어린이들은 자기 좋은 쪽으로 해석한다. 그런데 사실, '사실'은 중요하지 않다. 사실에 얽힌 그들의 사연이 더 중요하다. 사실이 객관적 영역이라면, 진실은 주관적 영역이다. 사실에 그들 나름의 사연과 감정, 역사가 덧붙여졌을 때, 비로소 싸움에 필요한 진실이 된다. 사실은 작고 단순하지만, 진실은 거대하고 복잡한 편이다.

싸움의 전개 과정을 들었다면, 다시 묻는다. "무얼 들었어?"

바꾸기

그럼 상대에게 들은 내용으로 말한다. 상대의 말을 들으며 새롭게 알게 된 내용을 말해도 좋고 자기 생각과 다른 부분을 말해도 좋다. 그리고 그때의 감정, 지금의 감정을 말해도 좋다. 어긋난 사실 관계를 맞추기 위해 공방을 벌이는 건 바람직하지 않다. 다만, 나는 이렇게 해석했고 너는 이렇게 해석하고 있다는 걸 밝히는 쪽이다. 나름의 해석 방식을 믿고 싸움을 바라보아야 한다. 그러면 처음으로 상대의 입장에서 싸움을 바라보게 된다. 네 입장에서는 이 싸움이 이렇게 보였구나, 이런 사연이 있구나, 이런 기분이구나, 처음 생각하게 된다. 주어를 나에서 너로 바꾸는 훈련이다. 그럼 싸움이 새롭게 보인다. 그리고 싸우는 과정에서의 나를 너의 시선에서 돌아보게 된다. 그럼 된다. 누가 먼저 시작했나, 누가 더 심했나를 따지기 시작하면, 교실은 그저 법정이 된다. 법정은 사실을 다투는 공간이지만, 교실은 진실을 확인하는 공간이다. 법정은 판단과 평가가 가장 중요한 공간이지만 교실은 화해와 용서가 더 중요한 공간이다. 적어도 교실은 그렇다.

그러면 이제 다시 묻는다. "그럼, 이제 앞으로 어

떻게 하면 좋을까?"

잇기

 그럼 다시 잇는다. 싸움으로 찢어진 어린이들을 연결 짓는 거다. 연결을 위해선 어린이들 스스로 노력해야 한다. 사과를 해도 좋고, 화해를 해도 좋고, 어떤 약속을 맺어도 좋고, 다른 어떤 대안을 내놓아도 좋다. 상대에게 무얼 요구하는 것 또한 괜찮다. 애써 연결을 지으려 하는 건, 교실이라는 싸움판이 대단히 특수해서, 아무리 싸워봐야 다시 모여 놀며 함께 살아야 한다는 대전제가 있기 때문이기도 하다. 그러니 어린이들은 연결을 당연하게 받아들인다. 어린이들의 엉성한 연결 시도를 보며, 심판으로서의 선생은 간섭하고 싶은 마음이 참 많이 들지만, 그냥 그대로 내버려 두는 편이 좋다. 연결에 성공하든 실패하든 그것 역시 몸소 배우는 쪽이 좋기 때문이다. 연결을 위해 선생이 간섭하면, 그건 벌의 형태가 되는 것이 대부분이다. 더구나 그게 뭐든, 선생이 이래라 저래라 하면 울컥 억울해지기 마련이다. 사과하라는 지시보다는 사과하겠다는 마음이 필요하다. 이리저리 어떻든 연결의 단서들이 마련되었다면 그걸로 충분하다. 일주일 정도 지난 뒤, 그 연결의 조각들이 어떻게 조립되고 있는지 파악한다. 제대로 이어지지 않았다면, 다시 잇고 또 잇고 또 잇는다. 될 때까지 잇는다.

 가르친다는 것들의 대부분이 평생을 싸우면서도 안 되는 것들이다. 삭이는 것이든, 듣는 것이든, 바꾸는 것이든, 잇는 것이든 죄다 어려운 것들이다. 그리고 대단히 품이 많이 드는 것이다. 마음을 그만큼 많이 쏟아야 한다. 그리고 그러하더라도, 이 모든 건 사람에 대한 믿음이 전제되어야 하는 것이다. 서로 존중하고자 하는 마음을 지니고 있다는 믿음이 절실히 필요하다. 교실은 그게 가능한 곳이다. 사람이 믿을 만하다는 것이 확인된 날것의 공간이다. 그러니 교실이란 얼마나 싸우기 좋은 곳인가. 어린이들도 종국엔 사람 고쳐 쓰는 게 아니라며, 귀한 믿음이 깎여나갈 수도 있겠으나 교실에서 겪었던 싸움의 과정과 결과가 사람에 대한 믿음을 뒷받침하는 단단한 근거가 될 수도 있을 터다.

오늘도 어린이들은 치열하게 싸운다. 그리고 내게 당연하게 찾아온다. 내게 찾아오는 그 마음은 곧 친구를 향한, 당연한 믿음이라고 나는 생각한다.

더하기		
	어린이1	(어린이2의 팔뚝을 쓰다듬으며 머뭇거린다.) 미안해.
	어린이2	(어린이1의 팔뚝을 쓰다듬으며 머뭇거린다.) 괜찮아. 나도 미안해.

어린이들의 학습된 사과를 보고 있으면 웃음이 난다.
기계적으로 튀어나오는 미안해와 괜찮아, 나도 미안해.
마치 하와유와 아임파인땡큐앤드유를 보는 듯하다.
그래도 어린이들은 진지하게 믿고 있다.
서로의 미안함을. 인간됨을.

네가 있어
비로소
교실

교실에서 어린이 한 명은 무엇이든 하나를 갖는다. 하나의 책걸상, 하나의 사물함, 하나의 신발장을 부여받고 하나의 번호를 받아 교실 구성원으로서 자리를 잡는다. 하지만 아직 교실이라 부르기는 섣부른 단계다. 교실은 공동체로 작동해야 비로소 교실로 해석될 테니까. 아직은 각자의 공간만이 물리적으로 보장되었을 뿐, 연결되지는 않은 셈이다. 이럴 때는 보통 시간이 약으로 쓰인다. 시간이 흐르면서 자연스럽게 어린이들 간의 연결망이 만들어지기 때문이다. 그러나 이러한 시간적 처치가 교실 공동체를 담보하지는 않는다.

같은 반이 되면 자연스럽게 모두 이어지는 것처럼 보이지만, 몇몇 관계가 굵직하게 연결될 뿐 모두가 연결되지는 못한다. 겉으로는 멀쩡한 도자기 같지만, 얼기설기 붙여 놓은 언제 깨져도 이상하지 않은 도자기 교실인 거다. 각자의 분투만으로는 단단하면서도 끈끈한 공동체적 연결을 기대할 수 없기 때문이다. 그러니 교실이 진정한 공동체로 거듭나려면, 자꾸 뭉쳐서 풀을 발라야 한다. 그건 모두가 연결되는 짜릿한 순간을 자꾸 경험함으로써 이루어진다. 예컨대 이런 날을 떠올려 보면 어떤가. 반대항 스포츠 대회에서 우리 반이 승리하거나 패한 바로 그날. 기뻐서 울든 슬퍼서 울든 함께 울었던 그날. 졸업하며, 친구들과 마지막 인사를 나누는 날. 각자 자신 있는 악기를 골라 합주를 이룬 날. 그 짜릿한 순간들. 짜릿함은 다름이 아니라 우리 교실이 하나로 연결될 수 있다는 걸, 연결되었다는 걸 확인한 순간의 전율인 것이다.

하지만 앞서 말했던 전율의 장면들은 아주 특별한 순간들이다. 자주 찾아오지 않고, 또 의도적으로 그러한 이벤트를 만들기도 번거롭다. 공동체(共同體)를 지향하는 교실이지만, 정작 한데 뭉쳐진 공동의 몸(體)을 확인하는 것은 어려운 법이다. 그러나 교실은 특별할 때만 반짝 공동체가 되는 것이 아니라, 매 순간이 공동체로 기능해야 한다. 교실은 어린이들에게 연결의 기회를 일상에서도 찾을 수 있도록 조직되어야 한다. 교실에서 벌어진 일이 아무 관련 없는 내게 주는 영향이 있다는 것을, 우리가 서로 다른 것 같았는데 신기하게도 비슷한 점이 있다는 것을, 단짝인 친구가 의외로 다른 점이 있다는 것을, 나도 교실에 속한 중요한 누군가라는 것을 지겹도록 알려주어야 하는 것이다. 그래야 비로소 늘, 교실인 거다.

교실은 1인 1역을 택한다. 1인 1역이 뭐냐. 말 그대로다. 한 어린이에게 하나의 역할을 부여하는 거다. 우유 당번과도 같은 건데, 역할을 많이 만들어서 한 어린이가 교실에 필요한 역할 하나를 수행하도록 한다. 에너지 지킴이,(교실 소등을 돕는다.) 문지기,(교실 문 닫기를 돕는다.) 칠판 깔끔이,(칠판 정리를 돕는다.) 자료 나눔이(가정통신문 등의 자료를 나누어 주는 것을 돕는다.) 등, 교실에 따라 다양한 역할들이 만들어질 수 있다. 때에 따라서는, 의미 있는 역할 만들기 활동을 통해서 교실에 필요한 역할들을 직접 브레인스토밍 해보고 명명도 해서 역할에 직접 지원하는 식으로 운영되기도 한다. 예전에 코로나19가 창궐한 시기에는 '코로나'라는 역할도 있었는데, 코로나19

에 걸리라는 저주의 역할이 아니라, 코로나19로 등교하지 못하는 친구들의 역할을 며칠 대신 해주는 역할이었다. 바쁠 땐 엄청 바쁘고 한가할 땐 엄청 한가한 그런 역할이다. 뭐, 운영의 형태야 어쨌든, 1인 1역이라는 큰 틀, 존재하는 모두에게 적당한 역할 하나를 부여한다는 큰 생각은 같다.

이를테면 교실 구성원으로서 1인분의 역할을 해달라, 뭐 그런 의미다. 그런데 또 생각해보면, 그 1인분이라는 게 얼마나 어렵나. 때로는 눈 감고 넘어가고 싶을 때도 있을 거고 잊어버리고 놓치는 날도 생길 거다. 역할이라는 건 시간과 힘을 내서 애써야 하는 것들이니까. 그런데 문제는 한 어린이가 그럴 때, 그를 바라보는 수많은 어린이들이 있다는 사실. 눈초리를 받는다. 게다가 그건 선생의 회초리보다 무섭다는 또래의 눈초리다. 그럼 또 슬금슬금 1인분을 해내려고 애를 쓴다. 눈초리가 사실 1인 1역의 백미다. 아이러니하게도, 어린이가 교실에서 필요한 존재라는 걸 확인할 수 있는 좋은 시그널이 되니까. 그렇게 1인분을 하고 나면, 어린이는 비로소 교실에서 자리를 차지하게 된다. 작은 역할 하나에 불과하지만 동시에, 역할로 교실에 중요한 존재이자 필요한 존재로 인정받는 계기가 되는 것이다.

교실은 동그라미✥로 앉아 이야기한다. 동그라미라는 게 뭐냐, 이것도 말 그대로다. 둥그렇게 앉아 이야기를 나누는 거다. 뭐, 티(없는)타임 같은 건데, 가벼운 질문('내가 먹은 음식 중에서 가장 맛있었던 음식은?')부터 무거운 질문('내가 생각하는 절교의 조건은?')까지 적당한 질문을 골라 동그랗게 이야기를 나눈다. 동그랗게 앉으면 일단 서로의 얼굴이 눈에 잘 띄고, 이야기를 공평하게 말하고 들을 만한 교실의 대화 공간이 안전하게 마련된다. 때에 따라서는 놀이가 섞여 진행될 수도 있는데, 이때에도 맥락 없는 재미 추구형 놀이보다는 모두가 어울려 놀 수 있는 협력형 놀이가 사용된다. 동그라미를 보통 서클이라는

✥ 「기분 좋은 균형감」에 나온 표현을 옮겨 적은 것입니다.

영어로 부르기도 하는데 동그라미도 나쁘지 않은 이름이다. 이름이야 어쨌든, 모두에게 하나의 발언권을 부여하고 모두가 귀 기울일 수 있는 시간을 갖는 거다.

 굳이 시간을 들여,(책상 밀고 모이고 하다 보면 준비 시간부터 오래 걸리는 게 사실이다.) 동그라미로 앉아 이야기하는 까닭도 비슷하다. 한 자리를 차지하기 위함이다. 동그라미는 사발통문이다. 누가 주모자인지 모르는, 각자의 생각이 딱 하나씩 모여 만들어진 하나의 동그라미다. 동그라미로 앉아 묻는 질문에 한 명씩 어린이들이 말하고 남은 어린이들이 듣는 경험의 누적은 어린이들에게 끈질기게 말한다. "너는 교실에서 한낱 먼지가 아니라, 정말 소중한 사람이야."라고. 어린이들도 그걸 느낀다. 어느 날, 동그라미에 한 명이라도 빠지면 어린이들은 금세 눈치를 챈다. "오늘은 우리가 다 함께 할 수 있을 줄 알았는데 친구가 조퇴를 해서 아쉬워요." 그만큼, 연결된 공동체는 한 명이라도 티가 많이 난다.

교실은 우연한 만남을 흔하게 만든다. 우연한 만남의 방법은 어린이들에게 묻는 게 좋다. 어린이들은 우연한 만남에 대해 질색팔색하면서도 내심 그 상황을 즐긴다. (싫다면서 표정은 늘 웃고 있다.) 그래서 우연한 만남을 위해 머리를 싸매고(?) 고민한다. 어떻게 연결망을 새롭게 조직할 수 있을까. 어린이들이 떠올리는 방법은 비효율적이면서도 엉성한 경우가 대부분이다. 선생이 떠올리는 방법이라는 건 효율적이면서도 효과적인 방법이지만 어린이들을 설득해내는 것은 꼭 어린이들의 제안인 경우가 많다. 마니또, 롤링페이퍼, 싸움 없는 교실놀이, 기러기 친구(일주일 단짝을 무작위로 정해주는 활동) 등, 진부한 제안부터 창의적인 제안까지 다양하다.

그리고 나면 어린이들은 자발적으로 다양한 연결을 시도한다. 부끄러워하면서도 그동안 내밀지 못했던 마음을 전하기도 하고, 낯간지러운 칭찬을 해보기도 한다. 굵직한 연결선 밖의 우연한 누군가에게 손을 내밀거나, 새로운 연결로 기쁨과 재미를 얻기도 한다. 그럼, 굳어 있던 교실의 연결망은 역동적으로 조직되고, 탄력적이면서도 유연한 연결망으로 조금씩 탈바꿈한다. 그럼, 교실은 각자도생의 교실이 아니라, 서로를 의식하며 살아가는 교실이 된다. 교실의 누군가를 기대하게 되고, 자신도 똑같은 기대를 받고 있음을 인식하게 될 테니까.

교실 공동체를 만든다는 게, 아싸를 인싸로, 인싸를 더 인싸로 바꾸자는 건 아니다. 그럴 필요도 없고 그럴 수도 없다. 인싸든 아싸든 그건 어린이들 나름의 모습일 테니까. 이건 다만 어린이 한 명, 한 명의 존재를 안아주기 위한 것이다. 어린이가 교실에서 소속감을 느끼게 해주기 위한 것이다. 그리고 그러한 교실에서의 소속감은 다시 자신의 존재에 대한 자존감으로 이어진다. 끈질긴 연결 시도를 통해 내가 필요한 존재임을 인식하게 하고, 없어도 되는 존재가 아니라 없으면 티 나는 존재임을, 교실의 누군가가 기대하는 존재임을 알려주는 셈이다. 네가 있기에 비로소 교실이라고.

더
하
기

교실의 이름을 따로 짓는 편이다.
예명 같은 거랄까. 우리 반의 이름은 '우리반'이다.
어린이들에게 이름 짓기를 맡기는 것도
상당한 의미가 있겠지만 이름 짓는 것만큼은
욕심을 부리는 편이다.
교실의 공동체화(化)를 선언하는
일종의 의식이다.
이름을 짓겠다고 해놓고선
"우리 반은 우리반이다."라고 말장난처럼 통보를 하니
김이 새는 어린이들도 있지만,
어린이들에게 "단, 우리반의 의미는
너희들이 정해볼 거야. 삼행시로." 이어 말하면
금세 흥미를 붙인다.
어린이들은 장원이 되기 위해
열과 성을 다해 삼행시를 지어내는데,
어린이들도 함께하는 교실을 꿈꾸며
삼행시를 지어낸다.
개중에서 가장은, 2022년의 우리반이었다.

우 – 우주처럼 빛나고
리 – 이곳 지구처럼 빛나고
반 – 반딧불이처럼 빛나는 우리반

"우리처럼 작게 빛나는 반딧불이들이 함께 모여,
지구를 빛내고, 우주까지 빛내는 교실이 되었으면
좋겠습니다."

덕업
합치_{合致}

이쯤 읽었다면 잘 알겠지만, 나는 선생이다. 하지만 동시에, 두 권의 동화책✤을 펴낸 동화작가이기도 하다. 투잡인 셈이다. 투잡이지만 선생과 동화작가의 수요자는 모두 어린이다. 선생도 동화작가도 어린이 곁에 있을 때 가장 빛나는 일이다. 선생이면서 동시에 작가로 교실에서 어린이를 만난다는 건 특별한 일이다. 그런 점에서 참 좋다. 그런데 문제는, 두 캐릭터가 사뭇 다르다는 점이다. 선생과 작가 두 캐릭터 모두 어린이와 분명 가까이 있지만, 어린이와의 거리감은 정반대다. 선생은 어린이와 가깝다. 가깝다 못해, 적어도 1년은 가족과도 같아서 볼 꼴, 못 볼 꼴을 쉼없이 공유한다. 한편, 동화작가는 어린이와 조금 멀다. 동화책으로 만날 뿐 작가를 직접 만나기란 어려운 일이니까. 만난다 한들, 두 시간 남짓의 작가와의 만남 정도지 않을까. 작가란 본래 신비로운 존재인 거다. (허세가 있음을 미리 알립

✤ 장편동화『졌잘싸』(2021, 한그루)와 단편동화집『버스가 좌회전했어요』(2022, 북극곰)를 집필하였다.

니다.)

그럼, 교실의 어린이들은 나를 어떤 거리감으로 만날까? 그건 당연히, 선생의 거리감으로 만난다. 인터넷에 검색했을 때 검색이 된다는 것,(어린이들의 기준은 네이버나 유튜브에 검색이 되냐다.) 어느 곳에서 인터뷰를 했다는 것쯤에서 아, 우리 선생님이 작가였지 생각할 수는 있겠으나, 그것은 찰나일 뿐 어린이와의 시간 대부분은 선생의 시간으로 채워진다. 게다가 신비로운 존재이기는커녕, 어린이 독자를 위해 이 한 몸이라도 던지겠다(?)는 동화작가라는 사람이 어린이들 타박이나 하고 잔소리를 늘어놓고 있으니. 동화작가라는 신비의 캐릭터와 연결 짓는 것은 어지간히 어색하고 어려운 일이 된다.

그리고 그건 나도 마찬가지다. 교실의 어린이들 앞에 작가 행세(?)를 하는 것이 영 어색하다. 어린이들 앞에 선생으로 있는 건 자연스럽지만, 작가로 서 있는 건 부자연스럽다. 어린이들과 내가 만나고 부딪치는 것들의 99%는 책이 아니라 삶에 관한 것들이기에 그럴 것이다. 아무튼 그리하여 교실에서는

뭔가 이상해도 너무 이상한 상황들이 자꾸만 만들어지는데…,

"선생님, 이 책 작가가 선생님 이름이랑 똑같은데요?"
"어…? 선생님이 썼으니까, 그렇겠지?"
"아, 이 책이었어요?"

"선생님, 다음 책에는 제 이름 실어주면 안 돼요?"
"그…, 그게 이름도 막… 짓는 게 아니고….",
"선생님, 저도, 저도요!"

"선생님, 이 다음에 주인공들은 어떻게 돼요?"
"그건, 그… 네가 생각하기 나름이지?"
"아, 왜요. 궁금하단 말이에요."

"선생님 책 아직도 안 읽었어요."
"어…, 그래? 12월인데…. 이젠 읽어볼 때도 되지 않았나?"

"너무 길어요. 깔깔."

　나처럼 선생과 동화작가 '투잡'을 하는 어떤 선생님께서는 동화작가로 모드 변경을 할 때 모자를 쓰든가 안경을 써서 극적인 변화를 꾀하신다던데 나도 뭐 가면이라도 뒤집어써야 하려나? 이건 해도 너무하잖아? 선생이 책을 냈으면 읽어줄 만도 한데 읽지를 않는다. 나중에는 그걸 자랑이라고 늘어놓고 나한테 반협박을 하는 경우도 있다. 사주면 읽겠다나. 나도 됐거든! 어쨌든, 나도 내가 낸 동화책이니 함께 읽고 싶은 마음이 이만큼이지만, 참 그것도 껄끄럽다. 그러니까 그게 무슨 말이냐면, 내 책을 강매하는 느낌이랄까. 교실에 배정된 예산으로 책을 구입하는 것도 마음에 걸린다. 교육계에서 청렴, 청렴을 강조해서 그런가.

　어찌어찌 같이 읽는다고 해도 걱정이다. 내 책으로 어린이들과 함께 읽어가는 과정에 방해 요소가 많기 때문이다. 책이라 함은, 독자 나름의 생각과 경험이 곁들여져 새롭게 해석될 수 있는 여지가 다

분한 생명체가 아닌가. 그런데 책을 읽는 내내 작가가 앞에 떡하니 서서 독자들을 노려보고 있으니, 작가가 그걸 최전방에서 방해하는 꼴이다. 책을 읽고 떠오른 어린이 독자들의 엉뚱한 물음은 작가 앞에서 작아지고, 부끄러워진다. 내가 어떤 대목에 대한 생각을 말하면, 그건 곧 정답이 되어버린다. 모범답안도 아닌, 정답. 작가가 그러하다는데, 독자로선 어쩔 도리가 없다. 이건 어디까지나 내 생각이라고 변명하고, 어린이들의 새로운 생각과 엉뚱한 질문을 구하지만, 쉽지 않다.

부정(?)한 청탁도 한두 가지가 아니다. 사건 하나를 가져와서 동화로 만들어달라는 거대한 부탁부터,(어린이들은 가벼운 생각이겠으나) 다음 동화책의 주인공에는 자신의 이름을 써달라는 부탁,(일부러라도 어린이들 이름을 쓰지 말아야지.) 왜 새 동화책이 나오지 않는 거냐며 채근하는 것까지.(차기작은 나도 걱정인데) 대개는 웃어넘기는 일이지만, 마음과 귀가 꽤 시달리는 일이기도 하다. "그 사건은, 음, 너무 극적인 요소가 없는데?", "주인공 이름은 선생님이 알아서 할게.",

"그러게, 선생님이야말로 너무나도 쓰고 싶은데 말이야."

이러고 보니, 하소연이 기네. (하하. 이만큼 동화작가가 선생으로 살아가는 일이 쉽지가 않네요?) 하지만 그럼에도 불구하고 교실에 선생이자 동화작가로 어린이를 곁에 둔다는 건 참 행복한 일이기도 하다. 그래서 아까완 정반대로 또다른 요상한 일들을 만들곤 하는데,

"선생님, 아아, 작가님. 사인해주세요."
"오, 책 샀어?"
"네, 아마 제가 전국에서 제일 먼저 샀을걸요?"

"선생님, 동화책 추천 좀 해주세요."
"음, 그래? 어떤 주제가 좋겠어?"
"오! 선생님, 저도, 저도요!"

"선생님, 저 작가로 꿈 바뀌었어요."

"내 후배가 되려고 하는구만. 아주 좋아. 생각해 놓은 주제는 있고?"

"『졌잘싸』 2탄을 써볼 거예요!"

"선생님, 제가 드디어 『버스가 좌회전했어요』 끝까지 다 읽었습니다!"

"대박. 어땠어? 재밌었어?"

"완전 재밌었어요. 여름 편이 제일 재밌었어요! 이렇게 긴 책 읽은 거 처음이에요."

첫 번째 동화 『졌잘싸』를 읽은 우리 반 어린이의 학부모가 머뭇머뭇 연락이 왔다. 아이가 이렇게 긴 책을 읽은 게 처음이라며, 고맙다고 한다. 도서관에서 우연히 선생님 책을 발견하고는 앉은 자리에서 끝까지 읽었다면서 덕분이라고 말한다. 두 번째 동화 『버스가 좌회전했어요』를 출간하고 이틀 뒤, 우리 반 어린이 한 명이 내 책을 내밀며 사인을 부탁했다. 내가 사인을 하는 동안, 자기는 여름, 겨울, 봄, 가을 순서로 좋았다면서 주절주절 소감을 밝히고, 여기 나오는 현우가 우리 반 걔가 맞냐고 성격이 너무 똑같다며 묻기도 하고, 6학년 이야기로 2탄을 내주면 안 되냐는 부탁을 하기도 한다. 도서관에 수업이라도 가게 되면, 꼭 어린이들에게 둘러싸인다. 재밌는 동화책을 추천해달라는 부탁이다. 골라준 책들은 처음에 조금 재미가 없어도 꾸역꾸역 버틸 때까지 버티며 읽는다. 어린이들의 꿈을 물으면 꼭 두세 명쯤은 작가를 말한다. 하소연이랍시고 나의 작가적 허세에 어긋난 장면들을 늘어놓았으나, 동화작가로서 어린이 독자를 이렇게 쉽게 만나고 대화할 수 있는 건 정말 큰 축복이다.

선생이자 동화작가라서 (결국엔) 참 좋다. 작가로서의 신비로움은 조금 퇴색될 수 있겠으나 동화작가로서는 어린이들을 매일 가까이에 둘 수 있어 넘치게 행복하다. 그리고 선생으로서는 어린이들에게 좋은 영향을 책으로, 작가로 내보여줄 수 있어서 행복하다. 이런 게 덕업일치, 아니 덕업'합(合)'치가 아닐까.

쉬는 시간

제주 서귀포시의 동네에 자리 잡은 학교(전교생이 60명 남짓 되는 작은 학교다.)의 어린이들에게 우리 동네에 생겼으면 하는 것을 물었더니, 정말 정말 신기하게도, 놀라지 마시라, 다름이 아니라 다이소였다. 놀이공원이나 대형마트, 영화관 그런 게 아니라, 다이소다. 그것도 대형 다이소. 참나, 왜 하필 다이소냐 물었더니,

"놀이공원을 매일 갈 수는 없잖아요. 다이소는 매일 갈 수 있을 것 같아요."

"거긴 값이 싸서 우리 마음대로 사게 해주시던데요?"

"이마트는 가끔 차 타고 가요. 근데 다이소는 아빠가 안 데려다줘요."

> 쉬는 시간

무려, 어린이들이 직접 계획하는 도시 여행 코스에도 다이소는 꼭 굵직한 자리를 차지할 정도니, 아무렴. 그러던 어느 날, 짜잔. 어린이들의 간절함에 응답하듯 드디어 학교에서 한 정거장 즈음 떨어진 곳에 대형 다이소가 들어섰다. 걸어갈 수 있는 거리는 아니지만 어린이들의 소원(?)이 어느 정도 이루어진 셈이다. 주말의 일기를 읽으면 새로 생긴 다이소에 다녀온 썰로 가득하다. 새삼 놀랍다.(다이소세권에 사는 나는 복 받은 줄 알아야겠네.)

"선생님, 이거 선물이에요. 스티커 자판기에서 만들었어요."

쉬는 시간

 어린이가 선물을 내밀었다. 내 이름이 빼곡히 적힌 이름 스티커다. 푸하하, 웃음이 터진다. 그리고 떠올려본다. 스티커 자판기 앞에 서서, 나를 떠올리며 내 이름의 자음과 모음을 하나하나 꾹꾹 눌렀을 장면을. 귀엽기가. 이루 말할 수가 없네.

 "이야, 너무너무 고맙네. 잘 쓸게! 네 거도 만들었어?"
 "아뇨. 크크. 돈이 천 원밖에 없었어요."
 "에구구, 그럼 네 거부터 만들지."
 "아니에요. 용돈 생기면 다음에 가서 만들려고요."

 교실 곳곳에 놓인 물건들에 이름 스티커들을 붙였다. 참, 별별 생각이 다 든다.

두서
없음

1.

 서울 어느 초등학교에서 근무하던 한 선생이 교실에서 세상을 떠났다. 교실에서. 교실에서. 그는 다른 곳이 아닌, 교실에서 짧았을, 어쩌면 너무 슬프도록 길었을 생을 마쳤다. 여름방학을 앞둔 때였다. 그러니까 어린이뿐만 아니라, 선생의 몸과 마음도 조금 쉬어갈 수 있는 시간이 얼마 남지 않은 때였다. 그러나 그는 쉼표 대신 마침표를 택했다. 그가 세상을 떠난 이유는 그가 세상을 떠난 장소가 말해주고 있었다. 교실이었다. 그가 어린이들과 지냈을 교실은 교실 밖 어른들의 싸움으로 뒤엉켰다. 허무했고 미안했고 또, 두려웠다.

2.

 선생이 학교를 멈춰 세우기로 했다. 사실, 학교를 멈춰 세우는 것이 선생들에게는 어렵고도 불편한 시도다. 해본 적도 겪어본 적도 없는 시도다. 그래서 주저하게 되고, 흔들리게 되고, 고민하게 된다. 어린이를 상대로 인질극을 벌이는 것만 같은 생각이 두렵게 끼치기도 한다. 그럼에도 교육을 멈춰 세우고자 하는 것은 내일이 기대되지 않는 희망 없는 교실 때문이었다. 무언갈 바꾸기엔 이미 너무 멀리 왔나 싶어 벌써 허무하기도 하고, 이미 죽어버린 영혼을 구할 수 있을 거라고 믿지도 않기에 황망한 마음뿐이지만, 멈춰야만 볼 수 있는 것들이 있을 것 같아 큰 용기와 작은 기대를 그의 마지막 날에 걸었다.

3.

학교가 멈추기 이틀 전이었던 9월 2일 국회의사당 앞에는 30여만 명의 선생(주최 측 추산)이 모였다. 벌써 일곱 번째 집회였지만 이전의 집회와는 달리 더 많은 선생들이 전국 각지에서 검은 점으로 모여들었다. 나 역시 그곳에 있었다. 늦여름, 이글거리는 뙤약볕에 타드는 살갗보다 타드는 마음이 더 아픈 날이었다. 그래도 혼자가 아닌 것 같아, 다행이라는 마음으로. 나만 아픈 건 아닌 것 같아, 서로를 위로하는 마음으로. "너 가는 길이 너무 지치고 힘들 때 말을 해줘. 숨기지 마. 넌 혼자가 아니야. 우리도 언젠가 흰수염고래처럼 헤엄쳐. 두려움 없이 이 넓은 세상 살아갈 수 있길. 그런 사람이길."* 이토록, 아프게 불렀다.

4.

9월 4일 2학기 개학을 한 지 얼마 지나지 않은 때의 월요일, 나는 교실에 가지 않았다. 뜬금없이 멈추어 섰다. 교실에 선생이 없는 만우절 같은 날이었다. 어린이들은 여전히 교실을 찾았다. 어린이들은 어리둥절했을 것이다. 선생이 하루 없는 교실은 어

---

* 7차 집회에서는 지난 1~6차까지의 집회 모습을 모아 영상으로 제작해 상영했다. 해당 영상에는 윤도현 밴드가 부른 「흰수염고래」(2011)가 삽입되어 있다.

린이들에게 어떤 의미였을까. 어린이들은 때늦은 만우절 이벤트를 어떻게 기억할까. 세상은 어떻게 받아들일까. 나도 내내 어리둥절했다. 도저히 갈피를 잡기 어려웠다.

5.

그날의 사건을 다룬 MBC PD수첩을 숨죽여 보는데, 그의 교실 한쪽 벽면에 걸린 동요「꿈꾸지 않으면」가사가 프로그램을 보는 내내 마음에 밟혔다. "가르친다는 건 희망을 노래하는 것" 그는 교실에 있었던 볕이 들지 않는 작은 창고를 꾸며 어린이와 대화할 수 있는 공간으로 만들었다고 했다. 그리고 그는 그가 직접 꾸며 만들었다는, 어쩌면 희망을 노래할 수 있는 최후의 공간이었을 그곳에서 생을 마감했다. 그곳은 그의 삶 최후의 공간이기도 했다. 그를 위해 간절하게 기도했다. 부디, 좋은 꿈 꾸세요.

6.

 내가 선생이 되었을 때 기뻤던 것 중 하나는 엄마와 아빠의 기쁨이었다. 이곳저곳 선생이 된 아들 자랑을 더러 하시며 기분 좋은 부러움을 샀고, 걱정을 덜었다며 비로소 내가 태어난 순간부터 짊어지셨을 짐을 내려놓으셨다. 그렇게 아들로서 효도하는 기분이 정말 좋았더랬다. 그랬던 내가 "엄마, 누가 날 자르기 전에 내가 그만둬야 할지도 모르겠어."라고 말할 줄이야. 오만했던 나는 예전부터 꽤 자주 들렸던 교실 붕괴, 교권 침해 사례 등을 들으면, 자세한 내막이야 잘 모르지만, 어느 정도는 선생에게도 잘못이 있는 게 아니겠어, 생각했다. 요새의 나는 능력 좋은 선생이 아니라, 그저 운이 좋은 선생이었을 뿐이었다는 걸 깨닫는다.

7.

 연말이 되었을 때, 내가 1년을 꼬박 가르친 아이

들의 꿈을 재차 물으면, 선생을 꿈꾸지 않았던 어린이 몇몇이 꼭 선생을 새로이 적어 낸다. 내가 가르치는 걸 보고 감명을 받은 것인지, 아니면 내가 가르치는 걸 보니 내가 저것보단 낫겠다 싶었는지 모르겠지만 매년 선생을 하겠다고 적어 내는 어린이들이 있었다. 나는 어린이들에게 내 후배가 될 수 있겠다며, 학교에서 만나자고 너스레를 떨곤 하지만, 두렵다. 그 어린이들은 직장이 될 학교에서 운이 매번 좋을까. 난 어린이들의 순수한 꿈을 호탕하게 응원할 수 있을까.

8-1.

급식실에서 점심 식사를 마치고 나오는데, 5학년 짜리 어린이 하나가 축구공을 가지고 학교 건물 벽면을 향해 열심히 차고 있었다. 조악한 입간판에는 해당 공간에서 공놀이를 하지 말라는 경고 문구가 색색으로 적혀 있었다. 경고 문구야 어쨌든, 그래도 어린이들의 짧은 점심시간 놀이에 특별히 관여하고 싶지가 않았다. 게다가 그의 축구에 대한 열정 혹은 모처럼의 쉬는 시간을 막고 싶지 않았다. 그래서 지나치려는 찰나, 축구공이 창문 틀에 맞고 튀어나왔다. 순간, 그냥 지나칠 수가 없었다. 그래서 어린이에게 다가가 경고 문구를 가리키며 공놀이를 그만하라고 안내했다. 어린이는 내 기대와는 달리 태도가 불량했다. 알겠다며 킬킬댔지만, 그래도 나는 믿기로 했다. 어린이는 공을 손으로 집어 들었고 나는 곧장 발걸음을 돌렸다. 그리고 곧장, 축구공이 벽면에 부딪히는 소리가 다시 킬킬킬 울렸다. 선생으로서 나는 어떻게 했을까? 다시 돌아가 그 어린이를 지도했을까, 귀를 막고 못 들은 척 지나갔을까.

8-2.

나는 못 들은 척 지나갔다. 그때의 기억이 아직도 나를 괴롭힌다. 하지만 그때로 돌아가더라도 아마, 못 들은 척 귀를 막았을 것이다. 나는 그 어린이를 모른다. 어떤 배경을 가진 어린이인지 알 수가 없었다. 또한 어린이의 보호자가 누구인지, 어떤 사람인지도 알 수 없었다. 아무것도 알지 못하기에, 나는 어린이를 둘러싼 내외적 배경에 대한 신뢰가 없었다. 나는 두려웠다. 나의 지도를 문제 삼지는 않을까 무서웠다. 그때의 기억이 나를 여전히 괴롭히는 건, 당시 내 지도 방식에 대한 후회 따위가 아니라, 신뢰 관계가 무너진 학교가 떠오르기 때문이 아닐까.

9.

요새 내선 전화를 받는 것이 다시 두렵다. 경력이 쌓이며 잊었던 오래전의 두려움이 생생하게 끼친다. 전화기 너머로 흘러나왔던 좌절감이 끼친다. 다시, 전화보다는 메신저나 문자가 편하다. 전화가 울리면 두어 번 벨 소리를 삼키곤 한다. 잘못 걸려 온 전화이기를 간절히 바라는 마음으로. 대부분은 싱거운 것들이겠으나, 그마저도 난 역시나 운이 좋은 편이다.

10.

 2023년 9월 4일 그의 49재. 49재는 고인의 명복을 빌며 이승에서 붙들고 있었던 끈을 놓아주는 날이다. 어쩌면, 한시바삐 떠나고 싶은데 우리가 억지로 붙들고 있지는 않았나 미안하기도 하다. 나는 교실에 가지 않은 9월 4일의 그날, 장염을 앓았다. 배 앓이로도 이토록 힘든데, 마음 앓이 했던 그는 얼마나 아팠던 걸까. 도저히 헤아릴 수가 없고 헤아릴 자신도 없었다.

11.

 교실이 '희망을 노래하는 곳'임을, 그는 끝내 믿고 싶었을 것이다. 그가 떠난 지금, 세상에 남아 교실을 지키고 있는 나는 그것을 믿는다. 교실을 누가 어떻게 괴롭히든 어린이가 있는 교실엔 여전히 희망이 있다. 분명히.

(Epilogue)

그럼에도 불구하고, 교실

'신규교사 생존기'는
누구보다 나 자신에게 가장 큰 메시지를
전하고 있는 책이라는 것을 잘 알고 있다.
시간이 흘러,
내가 10년차, 20년차 선생님이 되었을 때,
이 특별한 책에 남은 글들이
내게 때로는 채찍이 되고 때로는
행복이 될 테니까 말이다.

『신규교사 생존기』, 293면

햇수로 10년. 선생이 된 지 벌써 10년이 흘렀다. 그리고 나는 처음으로, 쉬어가기로 했다. 쉼표가 필요했다. 교실 밖의 나를 떠올린 적이 없었다. 그래도 쉬어야 마땅하다고 생각했다. 10년짜리 교실에 대한 복기가 필요한 시기라고 생각했다. 10년이라는 시간 동안 나의 교실은 허무한 때가 많아졌고, 헛헛한 결말이 기다리는 때가 많아졌다. 서글픈 순간들을 마주해야 했고 억울하고 답답한 시간을 견

녀야 했다. 언제부턴가 교실에 대한 희망이나 기쁨, 열정 곁을 걱정이나 염려, 후회가 차지했다. 『신규 교사 생존기』는 채찍이나 행복 같은 나의 기대가 아니라, 한 편의 오래된 동화가 되었다. 어슴푸레 웃음 짓는 그맨 그랬지, 싶은 이야기들이 되었다.

그럼에도 불구하고, 나는 교실을 되찾고자 발버둥을 치고 있다. 내가 찍은 쉼표도 교실을 찾기 위한 마음표다. 어쩌겠는가. 교실은 응당 그런 곳이다. 지치고 힘들고, 허무하고 답답하고, 헛헛하고 억울하더라도 교실은 그 자체로, 매일 어린이로 북적이는 곳이다. 그리고 나는 그곳의 선생이다. 나는 꿋꿋이 교실을 사랑할 수밖에 없다. 교실은 사랑받아야 마땅한 곳이니까. 그럼에도 불구하고, 교실이다. 그것 말고는 내 마음을 표현할 길이 없다. 그렇게 믿는 것밖에는 할 줄 아는 게 없다.

연말이라 함은 보통 12월의 마지막 주를 말하지만, 교실에게 연말이란 졸업 혹은 수료다. 어린이들과 헤어진 뒤에야 비로소 교실도 연말을 맞이할 수 있기 때문이다. 어린이들과 헤어지는 하루 전날이 되면, 늘 그랬듯 지나온 귀한 시간을 되새김질한다. 되새김질은 대개 달콤쌉쓸한 맛이다. 통지표든, 사진이든, 편지든, 롤링 페이퍼든, 뭐든 어린이들을 보내기 위해 차려야 할 것도 많다. 1년간의 시간을 조금이나마 제대로 내보이려는 마음이다. 방금까지도 북적였던 게 믿기지 않을 만큼 고요한 방과후의 교실에서 마지막 하루치 내일의 교실을 기대한다. 그리고 겨우 하루가 남았다는 사실에 조금 놀란다. 첫날 느꼈던 떨림을 다시금 느낀다. 기분 좋은 떨림이다. 비어있는 깨끗한 칠판에 공들여 마지막 인사를 쓴다.

나는 처음이 낯설고 외로웠습니다.
어떤 어린이들과
어떻게 1년을 지내야 할까 궁금했습니다.
새롭게 만난다는 설렘과
새롭게 만난다는 두려움이 있었습니다.

지금, 두렵고 설렜던 그때를 돌아보면

나는 우리 반에게 너무나 고맙습니다.

나를 선생님으로서 존중해주고 이해해주고,

좋아해주고 때로는

티격태격 다투고 장난치면서

그렇게 나를 잘 받아주어서 고맙습니다.

돌아보면, 순간순간이 모두

귀하고 그리운 시간입니다.

귀한 시간을 내게 내어주어서 고맙습니다.

그리고 그 시간을 제대로 쓰지 못한 것 같아

내내 미안합니다.

다시 모여 웃고 떠들며

함께 추억할 언젠가의 순간을

기다리면서, 안녕히 계세요. 반가웠습니다.

마지막 날이 되면, 나는 일부러 교실에 일찍 도착하는 편이다. 어린이들을 내가 먼저 반기려는 마음이다. 반가운 마음이 모자라는 날은 오늘이 처음이자 마지막일 거다. 어린이들이 마지막의 교실을 반갑게 맞이했으면 하는 마음이다. 어린이들이 교실을 마음껏 추억했으면 하는 마음이다. 우리가 함께했던 교실에서 꾸는 마지막 꿈인 셈이다. 나 역시, 어린이들을 맞이하며 그동안 우리가 서로 사랑했던 순간을, 미소 지었던 날들을, 함께 걸어온 기억을 떠올린다. 우리 각자가 꿈꾸는 마지막 꿈에도 옆 친구의 머리를 밟고 올라설 생각은, 대학이라는 그럴싸한 포장지를 기다리는 생각은, 학교폭력으로 교실이 얼룩지는 생각은 여전히 없다. 단지, 교실에 켜켜이 쌓여온 사랑의 시간을 마음껏 추억한다. 그리고 그것이 내내 간직되기를, 바라고 또 바란다.

그러니 역시나,
사랑할 수밖에.
교실을 배웅하며,
큼지막하게 인사한다.
"안녕!"

그럼에도
불구하고,
교실

2025년 6월 20일 초판 1쇄 발행

글	고상훈
펴낸이	김영훈
편집	김지희
디자인	부건영
편집부	이은아, 김영훈
펴낸곳	한그루
	출판등록 제6510000251002008000003호
	제주특별자치도 제주시 복지로1길 21
	전화 064-723-7580 전송 064-753-7580
	전자우편 onetreebook@daum.net
	누리방 onetreebook.com

ISBN 979-11-6867-222-2(02810)

ⓒ 고상훈, 2025

저작권법에 따라 보호를 받는 저작물이므로 어떤 형태로든
저자 허락과 출판사 동의 없이 무단 전재와 복제를 금합니다.
잘못된 책은 구입하신 곳에서 교환해 드립니다.
이 책은 제주특별자치도와 제주문화예술재단의
2025년도 제주문화예술지원사업 후원을 받아 발간되었습니다.

값 12,000원